LA COCINA FAMILIAR
EN EL ESTADO DE
PUEBLA

LA COCINA FAMILIAR

EN EL ESTADO DE

PUEBLA

◖CONACULTA **OCEANO**

LA COCINA FAMILIAR
EN EL ESTADO DE PUEBLA

∼∼∼∼∼∼∼∼∼∼∼

Primera edición: 1988
Banco Nacional de Crédito Rural, S.N.C.
Realizada con la colaboración del Voluntariado Nacional
y de las Promotoras Voluntarias del Banco Nacional de
Crédito Rural, S.N.C.

Segunda edición: 2000
Editorial Océano de México, S.A. de C.V.

Producción:
Editorial Océano de México, S.A. de C.V.

© Consejo Nacional para la Cultura y las Artes

D.R. ©
Editorial Océano de México, S.A. de C.V.
Eugenio Sue 59
Col. Chapultepec Polanco, C.P. 11500
México, D.F.

ISBN
Océano: 970-651-444-9
                970-651-450-3 (Obra completa)
CONACULTA: 970-18-5545-6
                970-18-5544-2 (Obra completa)

Todos los derechos reservados. Queda prohibida la
reproducción total o parcial de esta obra por cualquier
medio o procedimiento, comprendidos la reprografía y el
tratamiento informático, la fotocopia o la grabación, sin
la previa autorización por escrito de la Dirección General
de Publicaciones del CONACULTA.

Impreso y hecho en México.

LA COCINA FAMILIAR EN EL ESTADO DE
Puebla

PRESENTACIÓN	9
INTRODUCCIÓN	11
RECETAS	

I. **TAMALES, CHALUPAS Y OTROS ANTOJITOS**   17
    Tamales de elote   18
    Tamales pulacles
    Tamales de frijol
    Quesadillas de cuitlacoche   19
    Tlayoyos
    Bocoles
    Tlatlapas con frijol amarillo   20
    Enchiladas exquisitas
    Chalupitas poblanas

II. **CALDOS, SOPAS Y POZOLES**   21
    Caldo de langostinos   22
    Caldo de habas
    Consomé atlixquense
    Sopa de elote   23
    Sopa de garbanzo seco
    Sopa de avena
    Sopa de jitomate   24
    Sopa de tortilla
    Sopa de rajas y elote
    Sopa suriana   25
    Crema de flor de calabaza
    Elopozole de Tierra Caliente

III. **MARISCOS, PESCADOS Y VERDURAS**   27
    Camarones del conquistador   29
    Albóndigas de bacalao
    Bacalao en blanco
    Pescado teresiano   30
    Rollos de pescado
    Huachinango al jerez   31
    Pescado en adobo
    Pescado frito
    Pescado adobado   32
    Robalo al horno
    Ensalada de chiles poblanos
    Indias vestidas   33
    Epatlaxtli en adobo
    Ayamole de calabaza
    Chiles rellenos   34
    Hongos totolcóxcatl en escabeche
    Guisado de alcaparras
    Palmitos al pastor   35
    Habas verdes fritas
    Frijol de novios

IV. **AVES, MOLES Y CARNES**   37
    Pechugas en crema   39
    Especia de pollo
    Pollo en jugo de naranja
    Barbacoa de pollo   40
    Pascal
    Chiliajo de pollo   41
    Chileatole
    Estofado de pollo criollo
    Mole poblano sencillo   42
    Cerdo en salsa verde
    Mole verde de acuyo con puerco
    Calabacitas con pipicha   43
    Zacahuil
    Frijol de arriero
    Huazmole   44
    Barbacoa de hoyo

Mole de caderas	45
Fiambre	
Albóndigas mexicanas	46
Cuete mechado	
Carne tezinteca	
Chiles en nogada	47
Menudo a la mexicana	
Chilatequile	48

V. PANES, DULCES Y OTROS MANJARES	49
Pan de muerto	51
Panqué de muerto	
Panqué Magdalena	52
Panqué de papa	
Torta bretona	
Polvorones de piñón	53
Rosquitas de queso en almíbar	
Budín de bizcocho	
Dulce de jícama	54
Leche de mamey	
Dulce de jitomate	
Compota de chilacayote	

Volteado de piña	55
Arroz con leche y manzana	
Regañadas	
Queso napolitano	56
Natillas de leche	
Chongos de mantequilla	
Bien me sabes (en marquesote)	57
Camotes de Santa Clara	
Panochitas de cacahuate	58
Dulces de almendra	
Cocadas envinadas	
Jamoncillos	59
Torrejas poblanas	
Alfajores	

DE COCINA Y ALGO MÁS

Festividades	61
Nutrimentos y calorías	66
Equivalencias	67
Glosario	68

Presentación

La Comida Familiar Mexicana fue un proyecto de 32 volúmenes que se gestó en la Unidad de Promoción Voluntaria del Banco de Crédito Rural entre 1985 y 1988. Sería imposible mencionar o agradecer aquí a todas las mujeres y hombres del país que contribuyeron con este programa, pero es necesario recordar por lo menos a dos: Patricia Buentello de Gamas y Guadalupe Pérez San Vicente. Esta última escribió en particular el volumen sobre la Ciudad de México como un ensayo teórico sobre la cocina mexicana. Los textos históricos y culinarios, que no las recetas recibidas, varias de ellas firmadas, fueron elaborados por un equipo profesional especialmente contratado para ello y que encabezó Roberto Suárez Argüello.

Posteriormente, hace ya más de seis años, BANRURAL traspasó los derechos de esta obra a favor de CONACULTA con el objeto de poder comercializar el remanente de libros de la primera edición, así como para que se hicieran nuevas ediciones de la misma. Esta ocasión llega ahora al unir esfuerzos CONACULTA con Editorial Océano. El proyecto actual está dirigido tanto a dotar a las bibliotecas públicas de este valioso material, como a su amplia comercialización a un costo accesible. Para ello se ha diseñado una nueva edición que por su carácter sobrio y sencillo ha debido prescindir de algunos anexos de la original, como el del calendario de los principales cultivos del campo mexicano. Se trata, sin duda, de un patrimonio cultural de generaciones que hoy entregamos a la presente al iniciarse el nuevo milenio.

LOS EDITORES

Introducción

Constituye el Estado de Puebla una zona privilegiada en la que la naturaleza ha sido pródiga. Ésa fue la principal razón de que su poblamiento sistemático y siempre creciente se remonte al año 12000 a.C. Las influencias olmeca, totonaca, teotihuacana y tolteca conformaron una cultura que se tradujo en ciudades, señoríos y un buen número de construcciones cuyos restos aún perduran en la región: desde la cueva de Coxcatlán, en el valle de Tehuacán, en la que se aprecian indicios del descubrimiento y domesticación del maíz, hasta la pirámide de Cholula, heredera de la forma teotihuacana y el mayor monumento religioso mesoamericano, en cuyas plataformas superpuestas se pueden observar los distintos horizontes culturales: preclásico, clásico y posclásico.

En su momento, los señoríos poblanos sufrieron la expansión mexica y con ello quedaron integrados al enorme sistema tributario y militar de Tenochtitlan.

Cuando los españoles entraron a la zona poblana procedentes de Veracruz, en aquel caluroso verano de 1519, recibieron una buena acogida en varios puntos de la región, pero en Cholula tuvo lugar un hecho que marcó con sangre la avanzada española: Hernán Cortés, advertido de una posible emboscada, ordenó una matanza que aterrorizó a los indígenas y los hizo someterse de inmediato a los recién llegados. Después de Cholula, el temor allanó el camino de los conquistadores hacia los altos valles del Anáhuac.

Tiempo después, en 1531, un plan detallado determinó la fundación de Puebla de los Ángeles, ciudad exclusivamente española. Empero, sobre su origen existe la leyenda que narra cómo un grupo de ángeles, en los largos días de la creación, revoloteaba con la alegría que produce encontrar una tierra llena de agua, de verdor, de altas montañas e inmensos valles, con uno que otro manantial para refrescarse. Estaban en ello, cuando recibieron la orden suprema de crear en tal sitio una ciudad, labor a la que se dedicaron gustosamente. Con cuidado efectuaron el trazo de calles, casas y jardines, mientras el capitán del grupo alado determinaba dónde habría de estar la catedral. Una vez terminada la obra, emprendieron de nuevo el vuelo y desaparecieron.

En aquel sitio, trazado pues por entes celestiales, los conquistadores hicieron treinta y tres casas en siete días; se congregó después a nueve mil indios de poblados circunvecinos y se celebró la primera misa. Fray Toribio de Benavente, "Motolinía", relata que al retirarse los visitantes se inició una lluvia torrencial que duró muchos días. Cuando las recién edificadas casitas estaban a punto de derruirse, salió el sol y germinó la tierra, pródiga en flores, frutos y tubérculos, como jamás habían visto.

Los primeros evangelizadores fueron franciscanos, y las monjas más famosas las de Santa Clara. A estas dos órdenes debemos la creación de delicias barrocas, tanto en arquitectura como en gastronomía, para sorpresa placentera de propios y extraños.

Mientras sor Juana Inés de la Cruz ensalzaba al virrey, Marqués de la Laguna, en versos notables, una pequeña hermana recibió la encomienda de añadirle su homenaje desde los fogones de la cocina revestida de azulejos. Sor Andrea rescató así una salsa autóctona, la adicionó con vituallas variadas, y creó el mole poblano. De esa misma cocina saldrían más tarde, de algún modo, el rompope, los chiles en nogada y las tortitas de Santa Clara.

Aunque también se dice –todo es tradición– que el mole lo inventaron sor María del Perpetuo Socorro y las monjas del convento de Santa Rosa para ofrecerlo al obispo Manuel Fernández de Santa Cruz (célebre por la carta, firmada sor Filotea, en la que reconvino a sor Juana por sus aficiones literarias), quien en recompensa mandó construirles la hermosa cocina que todavía puede admirarse.

Los frailes competían, por su parte, en audacias culinarias. De los restos del pollo y con un poco de masa crearon las chalupitas, mas las sintieron secas y agregaron entonces salsa y rebanadas de cebolla, y en un rapto de inspiración las espolvorearon con queso.

Pero seguían teniendo mucha masa, así que hicieron grandes tortillas y las modelaron con rebordes, pellizcaron luego las superficies, las pusieron a freír y las cubrieron con muchísima salsa, y chorizo y moronas de queso. El primero en probarlas fue el perro del cocinero, y tan apetitoso le resultó el guiso y tanta era su gula que, con la vastedad del platillo, sufrió un ataque de asfixia. Así nacieron, se cuenta, esos famosos antojitos a los que desde entonces se llama "ahogaperros" o sopes.

A la vez que avanzaba el mestizaje en todos los ámbitos de la vida colonial, la configuración política de Puebla se transformó. De ser la mayor provincia del reino en el siglo XVI, con un territorio que llegaba al Golfo de México y al Océano Pacífico, pasó a convertirse en Intendencia a fines del siglo XVIII, de dimensiones más reducidas pero con una organización perfectamente cohesionada y una próspera economía.

Su núcleo, la ciudad de Puebla, estaba situado en un punto estratégico entre Veracruz y México, lo que propició su gran desarrollo y la convirtió en la segunda urbe de la Nueva España. Desde un principio tuvo clasificación de oficios y entre los que le dieron mayor auge comercial estaban los de los sastres, jugueteros, calceteros, zapateros, curtidores, silleros, herreros, canteros, ebanistas, yeseros, escultores, pintores, arquitectos, talladores, torneros, marqueteros, doradores y muchísimos otros que diversificaron la vida urbana.

Se llamaba a los comerciantes poblanos "mercaderes de ambos mares", puesto que recibían y enviaban mercaderías tanto del puerto de Acapulco –a través de la Nao de China– como de Veracruz. Pese a todo, los tumultos y conatos de rebelión de indígenas y negros eran frecuentes, maltratados los unos en las haciendas, los otros explotados en los obrajes.

De tal modo, aunque los manzanos florecían en Huejotzingo y Zacatlán y en los monasterios y conventos se elaborara deliciosa sidra, compotas y ates, el 24 de febrero de 1811 los poblanos se pronunciaron por la Independencia de la Nueva España; movimiento que encabezó José Francisco Osorno. En la capital de la Intendencia operaron, en distintos momentos de la insurrección independentista, Morelos, Matamoros, Sánchez de la Vega, Bustamante, Bravo, Rayón, Guerrero, Mier y Terán y José Joaquín de Herrera.

Y una ciudad como Puebla, realista por excelencia, dio el giro, al principio a regañadientes, más tarde porque el impulso era gigantesco, y a la postre por convencimiento. Cuando se logró la consumación del movimiento, después del Plan de Iguala en 1821, la ciudad capituló y el 2 de agosto de ese año recibió a Iturbide.

Los años siguientes fueron de incertidumbre y reubicación. Las fábricas ya no estaban controladas en su totalidad por españoles, pero la libertad recién adquirida no enseñaba todavía cómo administrar su patrimonio. En medio de una economía tambaleante, las autoridades locales juraron, el 8 de febrero de 1824, el Acta Constitutiva de la Federación, y el 18 de marzo se instaló el primer Congreso del Estado. Los años posteriores fueron de franca violencia entre centralistas y federalistas, sacudidas terribles a las que siguió la invasión norteamericana del 46 al 48.

Los poblanos habían vivido ya el acre sabor de la lucha y la inestabilidad. Los monasterios se reforzaron con portones enormes, revestidos de hierro y trancas gigantescas. Las despensas nacieron y crecieron a instancias de la necesidad de conservar los alimentos y se colgaron jamones y chorizos, se hicieron encurtidos, cristalizaron frutas o se hicieron mermeladas.

Indígenas y criollos compartían ya el gusto por una cocina que era cada vez más fiel a sí misma, ahí estaba la ensalada de nopales, las quesadillas, los tamales de mole, de pollo, de cerdo, de dulce, de frijol, de cazuela, y había –más en tales condiciones– salsas preparadas con ingredientes que podían conservarse secos, como la pepita de calabaza que dio por resultado el pipián; el trozo de chorizo se combinó con los frijoles y un poco de carne de cerdo, y surgieron los frijoles puercos. En fin, floreció el ingenio para aprovechar lo que se tenía y no pasar hambres y encontrar todavía sazones nuevas y mejores mezclas; fue este ingenio, mestizo, el que hizo los itacates sin fin para los viajeros inciertos.

Lo que una vez fue ventaja, la ubicación, era ahora terrible desventaja. A la lucha entre liberales y conservadores se sumó la intervención de los franceses. Por su situación, la ciudad de Puebla se convirtió en el cruento escenario de muchas batallas: varias veces en 1856, entre las fuerzas del gobierno liberal y los conservadores sublevados; el 5 de mayo del 62 –gloriosamente– entre el ejército francés y las tropas republicanas de Ignacio Zaragoza; el 63, entre los intervencionistas y los defensores encabezados por Jesús González Ortega; y luego, en el 67, el general Porfirio Díaz recuperó la plaza y destruyó los últimos reductos del efímero imperio que fundó Maximiliano con las fuerzas conservadoras y el apoyo de los invasores.

Se inició, al cabo, el proceso de una reconstrucción que igualmente habría de ser larga y difícil. El 16 de septiembre de 1869, el presidente Juárez inauguró el Ferrocarril Mexicano que enlazaba a Puebla. A partir del 77, los gobiernos y jefes políticos porfiristas impusieron la paz en la entidad, pero a sangre y fuego.

Se reanimó la agricultura, aunque la tierra pasó a formar parte de enormes latifundios. Se vivificaba, pese a todo, la economía. La red ferroviaria se amplió a Cholula, Amozoc, San Juan de los Llanos, Atlixco, Tehuacán y Esperanza. Se modernizaron los antiguos ingenios de azúcar de Acatlán, Izúcar, Chietla y Tehuacán; aumentaron a cuarenta las fábricas textiles y aparecieron otras de cerámica, vidrio, sombreros, mosaicos, cemento, cerillos, licores, cerveza, dulces, pasamanería, almidón, cigarros, hilos y cajas de cartón.

Al tiempo que todo esto ocurría se había dado en las cocinas poblanas un nuevo mestizaje, procesado lentamente a lo largo de aquellos años dolorosos. Los tacos de pollo se habían cubierto de crema batida; habían nacido los muéganos al vino, las palanquetas. El chocolate se bebía en sitios públicos, el atole ocupaba ahora un segundo término y el pulque se apartaba con sorna para dar paso a los vinos y licores franceses. Ya no era bien visto cualquier dulce; el camote se afrancesó, la moda era recubrirlo de azucarillo y, envuelto en terso papel de China, ofrecerlo en delicadas cajitas de madera. Se acompañaba, además, con una botella de Cordon Rouge. El algodón había dado paso a la seda, al lino. La lengua de vaca y el guajolote se cocían au vin y como postre había garay o fricassé.

Mas los nuevos tiempos trajeron sus propios cambios. Lo que bullía en el fondo de la sociedad subió a la superficie. Hubo, pues, sublevaciones de campesinos y huelgas obreras y fue esa enorme sacudida social lo que fundamentalmente propició el estallido de la Revolución, en 1910.

Puebla había sido, desde años antes, un importante centro de agitación; lo demuestra la actividad de la familia Serdán, cuyos preparativos de sublevación fueron descubiertos dos días antes de iniciarse el movimiento. La fase más violenta de la lucha armada se prolongó hasta 1917, y durante ese lapso se enfrentaron furiosamente en la región zapatistas y constitucionalistas.

En 1920, con el Plan de Agua Prieta, el presidente Venustiano Carranza fue derrocado; huyó por la Sierra de Puebla y murió emboscado en la ranchería de Tlaxcalantongo. Hondas diferencias políticas e intereses contrarios entre los propios revolucionarios mantuvieron la inquietud en la zona, y la zozobra llegó a momentos críticos aun años después, durante el conflicto religioso. La situación de inestabilidad, que más que ser privativa de Puebla era casi la tónica nacional, se fue superando al fin en la entidad a partir de 1933.

Desde entonces la acción de los gobernadores constitucionales e interinos ha logrado un desarrollo socioeconómico continuado. En Puebla, cada municipio, cada ciudad, cada pueblo, suele convertirse en una invitación para regresar a ellos; la capital del estado ofrece las maravillas de su arquitectura, como la irrepetible Catedral, la Biblioteca Palafoxiana, la Capilla del Rosario, el Museo Bello, la Casa del Alfeñique, los conventos de Santa Clara y Santa Mónica, y muchas más; la angélica urbe hace volar la imaginación en el Barrio de la Luz, donde innumerables artesanos recrean la cerámica tradicional; solivianta los sentidos en El Parián y en la Calle de los Dulces; y en cada fonda, restaurante, mesón o antojería enloquece gustos y trastorna paladares con sus chalupitas, moles, tostadas.

Si todavía "queda un huequito", conviene tomar un nevado mientras se pasea con alegría dominguera por los portales, armonizados por el zureo de las palomas y el tañer de nobles y viejas campanas.

Histórica es la leyenda de la china poblana, cuyo traje viste a la patria engalanada, con la misma fuerza y vitalidad de una cocina regional que desborda los límites geopolíticos y proyecta el mole con prestigio y definición nacional. Creación de robusta civilización lo llamó Alfonso Reyes, el polígrafo mexicano al que Borges consideró "el impar"; creación, la del mole poblano, sólo comprensible, en verdad, en el ámbito del barroco de Puebla.

¿Y los chiles en nogada? En su *Comida típica de México*, apunta Manuel Carrera Stampa que "Puebla también es cuna de los chiles en nogada (originalmente preparados con nuez de Calpan y granadas de Tehuacán) cuyo color, verde, blanco y rojo, es igual al de la bandera de las Tres Garantías que enarboló Agustín de Iturbide en Iguala".

Alguna vez el propio Alfonso Reyes —maravillado ante su presencia— los explicó así: "Esmaltado con granos rubí, traslúcidos y brillantes, un albo manto de nuez casi armiño, cubre apenas el verde intenso de los chiles. Al morderlos surge toda la esplendidez barroca del picadillo envuelta en la pulpa carnosa de los chiles y se mezcla golosa, al perfume suave de la salsa de la nogada y al sabor agridulce que encierra como cápsula intacta, cada grano de granada."

Y, sólo para iniciar una larga y deleitosísima enumeración, conviene no olvidar los clemoles de Atlixco, los chapandongos, los punches o mousses nativos, la tinga poblana, los chileatoles, las chalupas de San Francisco, verdes o coloradas, en el antañón paseo de la capital poblana, después de la visita al Beato Sebastián de Aparicio y, por supuesto, la compra de los dulces nativos para el camino: las tortitas de Santa Clara, los camotes de lujo o de pobre, ambos deliciosos; los muéganos y las frutas cubiertas. Paladear, pues, los puntos sublimes de la cocina poblana, integración excelsa, barroco supremo, esplendor de altísima cima —como de nevados volcanes, como de angélico vuelo— en la gastronomía mundial.

Son cinco los apartados o secciones que integran este recetario de la cocina familiar poblana y muestran claramente cómo se plasman en ella las maravillas de sus valles y montañas, y aun los amplios caminos que vienen del mar. Un poeta romántico, de origen extranjero, José María de Heredia y Campuzano, azorado ante la magnífica circunstancia de la región, la expresó hace más de siglo y medio en los medidos versos del poema *En el teocalli de Cholula*:

> "En una estrecha zona concentrados,
> con asombro se ven todos los climas
> que hay desde el Polo al Ecuador. Sus llanos
> cubren a par de las doradas mieses
> las cañas deliciosas. El naranjo
> y la piña y el plátano sonante
> hijos del suelo equinoccial, se mezclan
> a la frondosa vid, al pino agreste
> y de Minerva el árbol majestuoso.
> Nieve eterna corona las cabezas
> de Iztaccíhuatl purísimo, Orizaba
> y Popocatépetl, sin que en el invierno
> toque jamás con destructora mano
> los campos fertilísimos."

El recetario se estructura con una selección de recetas que pertenecen a la mesa íntima, cotidiana, a la comida de todos los días, pero muchas otras son expresión de la cocina poblana en los días de fiesta o en las ferias de la comunidad. Deleitoso y complicado mestizaje, cada guiso es suma, incorporación, nunca mezcolanza, jamás desarraigo de lo indígena o lo hispánico o, incluso, del afrancesado siglo XIX y aun de influencias posteriores, como la italiana, que también se añaden y transforman. Sitio de cruces y encuentros, Puebla resulta lugar de absoluta recreación gastronómica.

El apartado inicial, **Tamales, chalupas y otros antojitos**, es parte selecta de una gran aventura nacional: la del maíz. Y las recetas que se ofrecen logran, sobre la base de los blancos y dorados granos, el toque característico de la zona –las chalupas, por ejemplo– o la confirmación de un modo mexicanísimo, pues reiteran que si comer es asunto que se entiende tan bien en este país como en cualquier otro, tal hecho también es un antojo que debe satisfacerse, aunque sea obligadamente. Y, así, la comida puede ser antojo, pero el antojo se vuelve comida.

El segundo apartado, **Caldos, sopas y pozoles**, presenta un surtido rico y nutritivo. Desde las glorias de un caldo de langostino a las coqueterías de una crema de flor de calabaza o el sustento del elopozole de Tierra Caliente. Y el tercero, **Mariscos, pescados y verduras**, suma a las rutas que llegan del mar los cultivos de cañadas, valles, altozanos: al lado del bacalao o de las alcaparras, asoman los hongos totolcóxcatl o los epatlaxtli; el ayamole de calabaza no está lejos de las habas verdes fritas y los langostinos se acompañan con chiles verdes.

La cuarta sección, **Aves, moles y carnes**, es digna de admiración. ¡Qué fórmulas buenas! No sólo cuidadas versiones para elaborar el mole poblano o los chiles en nogada, sino las de la barbacoa de hoyo, el mole de caderas o un fiambre delicioso.

El quinto apartado, en fin, se dedica a **Panes, dulces y otros manjares**. Ilustre es la dulcería poblana y aquí se entiende la razón. Se observa la incorporación de los clanes que han llegado a trabajar las privilegiadas tierras de la región –"torta bretona", "queso napolitano"–, las fuentes primeras –"dulce de jícama", "compota de chilacayote"– y, en casi todas las recetas, a más del buen hacer, traslucen las delicadas manos conventuales, la herencia dulcera de la Nueva España. Angélicas resultan, pues, las natillas de leche poblanas, las cocadas, las panochitas. ¿Cómo no saborear los jamoncillos, los alfajores, los polvorones de piñón, las torrejas o la leche de mamey? Y llegar, al cabo, a los camotes de Santa Clara que las monjas barnizaban con miel… y más de un suspiro de contento.

Tamales, Chalupas y Otros Antojitos

El primer apartado del recetario de la comida familiar poblana pronto hace honor a su nombre, pues verdadera cena de ángeles constituyen los tamales con que se inicia. Etéreos, dulces, ligeros, sabrosos y muy sencillos envoltorios, sin rellenos de carnes o chiles. Una buena vaporera, el mejor maíz y mantequilla fresca. No hay quién resista.

La gastronomía poblana es, en buena medida, resultado de la imaginación popular, exploradora infatigable de los productos que brinda la naturaleza. Calladamente llega luego, claro está, la delicadeza de las manos conventuales que dan el toque maestro y elaboran y elevan el artificio al gusto de los circunstantes.

Las primeras recetas elegidas para esta muestra enseñan algunas de las infinitas formas de preparar tamales. Tras la fórmula de los de tiernos elotes –casi la brisa que produce el batir de plumíferas alas– se aconsejan los pulacles, que van con un relleno de frijoles negros, calabacitas picadas y ajonjolí. Versión más sencilla es la de los tamales de frijol; se presentan enseguida y son, por otra parte, acompañantes propicios a la perfección del mole poblano.

Se ingresa después en el universo del pan de comal. Y a doña Tortilla, La Magnífica, le rinde suculentos honores Puebla. Examínense las recetas siguientes. Por el tiempo de lluvias, inmejorables son las quesadillas de cuitlacoche. Bendición y delicadísimo regalo para el paladar. Los populares tlacoyos se preparan en la entidad –y se convierten en "tlayoyos"– doblando la tortilla cruda y poniendo un poco de pasta de alverjón, cocido y molido con hojas de aguacate y chiles. Vienen a continuación los bocoles, más norteños, que son unas gorditas con buenas formas, rellenas de chile ancho y queso.

Las tlatlapas son un guiso curioso. Hay que tostar los frijoles amarillos, luego cocerlos con epazote y unos chipotlitos, y formar así la pasta con la que se untan las tortillas calientes, recién "echadas", que hay que comerse de inmediato. Son una manera sibarítica de saborear frijoles y tortillas. Y ya que de sibaritas se trata, prosiguen unas enchiladas denominadas exquisitas, en realidad unas enfrijoladas que defienden bien su apelativo; se adornan con queso, cebolla y perejil, y se sirven con rebanadas de aguacate y chorizo frito y desmenuzado.

Renglón aparte precisa el milagrero hallazgo de las chalupas. Apetitosas y tentadoras tortillas –barquichuelas pequeñas y alargadas– las de la receta que se propone, pero que como todas las chalupas engañan al comensal con su tamaño. Aire parecen ser las salsas, hortalizas y carnes que, picadas, rebanadas o desmenuzadas, cubren, tapan y desbordan a la discreta "tortilla pequeña" que las sustenta. Se come entonces, mucho y a gusto, como si se comiere menos, y luego se dice: ¡Ay, si sólo me comí unas chalupitas!

> "El departamento de Puebla es famoso por su fertilidad y por sus abundantes cosechas de trigo, maíz, frijoles, garbanzos y otros productos, y también por la calidad de su fruta. Incluso hay un proverbio español que dice: Si a morar en Indias fueres, que sea donde los volcanes vieres."
>
> *La vida en México*
> Marquesa Calderón de la Barca

Tamales de elote

- 100 g mantequilla
- 3/4 taza de azúcar
- 10 elotes tiernos
- · hojas frescas de elote
- · leche, la necesaria

🌺 Desgranar los elotes y molerlos; debe quedar una masa tersa.
🌺 Agregar la mantequilla, batirla hasta incorporar; añadir el azúcar y la leche necesaria para obtener una masa espesa.
🌺 Poner una cucharada grande de masa en cada hoja de elote; envolver los tamales y cocerlos en vaporera.
🌺 Rinde 8 raciones.

Tamales pulacles

- 1 k masa para tamal
- 1/2 k manteca
- 1/2 k calabacitas tiernas (cocidas y picadas)
- 1/4 k ajonjolí (se tuesta en comal y se muele)
- 1/4 k frijol negro, cocido
- 2 cucharadas de aceite
- 3 dientes de ajo picados
- 1 cebolla picada
- · hojas para tamal
- · sal, al gusto

🌺 Batir la masa con la manteca, agregarle sal al gusto, y seguir batiendo hasta que esponje.
🌺 Freír, en el aceite, las calabacitas, ajonjolí, cebolla, ajo y los frijoles enteros; dejar en el fuego hasta que el guiso sazone.
🌺 Untar en cada hoja de tamal, previamente remojada y escurrida, dos cucharadas de la masa.
🌺 Colocar encima un poco del guisado de frijoles y envolver.
🌺 Acomodar los tamales en una vaporera y cocerlos hasta que se sienta que se despegan de la hoja.
🌺 Rinde 8 raciones.

Tamales de frijol

- 1 1/2 k masa para tamal
- 1 1/2 tazas de frijol cocido
- · hojas de maíz remojadas, las necesarias

🌺 Moler el frijol.
🌺 Extender la masa sobre una tabla de amasar; colocar una capa de masa y encima una capa de frijol; enrollar.
🌺 Cortar de este rollo trozos del tamaño deseado y envolverlos en hojas de maíz. Cocerlos en vaporera; retirarlos cuando estén cocidos.
🌺 Rinde 8 raciones.

Quesadillas de cuitlacoche

- 1/2 k   cuitlacoche
- 1/2 k   masa de maíz
- 2   cucharadas de manteca
- 1   cucharada de cebolla picada
- 1   cucharada de epazote picado
- 3   dientes de ajo, picados
- ·   chile verde picado
- ·   sal, al gusto

❦ Poner a la masa sal y agua, la necesaria, para que quede manejable.

Relleno

❦ Freír la cebolla y el ajo en manteca, agregar el cuitlacoche picado, chile verde y epazote; sazonar con sal y freír un rato.

❦ Hacer tortillas con la masa, poner en ellas un poco del guisado; doblar y cocer en comal o freírlas en aceite.

❦ Rinde 6 raciones.

Tlayoyos

- 3 k   maíz para preparar masa de tortillas
- 1 k   alverjón
- 1/2 k   manteca
- ·   chiles serranos
- ·   hojas de aguacate
- ·   sal, al gusto

❦ Preparar con el maíz la masa para tortillas.

❦ Cocer el alverjón con sal al gusto, moler con hojas de aguacate y chiles al gusto, hasta obtener una pasta.

❦ Agregar la manteca, revolver bien.

❦ Hacer tortillas chicas con la masa; ponerle un poco de la pasta de alverjón y doblar la tortilla.

❦ Cocerlas en comal de barro; retirarlas y servir cuando estén cocidas.

❦ Rinde 20 raciones.

Bocoles

- 1/2 k   masa de nixtamal
- 150 g   manteca
- 100 g   queso añejo, rallado
- 1   cucharada de manteca requemada
- 6   chiles anchos, limpios y secos
- ·   sal, al gusto

❦ Moler los chiles, revolverlos con el queso y la manteca requemada, para formar una pasta.

❦ Mezclar la masa con la manteca y sal.

❦ Hacer pequeñas gorditas, poner en su interior pasta de chile y queso.

❦ Cocer en el comal, a fuego suave.

❦ Servir calientes.

❦ Rinde 8 raciones.

Tlatlapas con frijol amarillo

1/4 k	frijol amarillo, limpio
3	litros de agua
2	chipotles secos
1	rama de epazote
·	tortillas calientes
·	sal, al gusto

- Tostar el frijol crudo en el comal y molerlo (debe quedar como harina). Cocerlo en tres litros de agua hirviendo, con epazote, chiles y sal; mover continuamente hasta formar una pasta.
- Untar con ella las tortillas calientes, doblarlas y servir luego.
- Rinde 10 raciones.

Enchiladas exquisitas

18	tortillas
250 g	chorizo
100 g	queso desmoronado
1 1/2	tazas de frijol cocido
3	cucharadas de perejil picado
2	aguacates en rebanadas
1	cebolla en ruedas
1	chile chipotle adobado
1	hoja de aguacate
·	aceite

- Moler el frijol con la hoja de aguacate y el chile chipotle; freírlos en dos cucharadas de aceite y agregar agua hasta que tenga consistencia de atole.
- Freír las tortillas ligeramente y pasarlas por el atole de frijol. Doblar cada tortilla en cuatro; colocarlas en el plato, adornar con queso, cebolla y perejil.
- Servir con rebanadas de aguacate y chorizo frito y desmenuzado.
- Rinde 6 raciones.

Chalupitas poblanas

1/2 k	masa de maíz
1/4 k	carne de puerco, cocida
150 g	manteca
2	cebollas finamente picadas

·	Salsa verde
1/2 k	tomates verdes
3	chiles serranos
1	diente de ajo
·	sal, al gusto

- Hacer las chalupitas con la masa; se trata de unas tortillas chicas, en forma alargada, que se cuecen en el comal.
- Colocar en una sartén, sobre la lumbre, las chalupitas, encima ponerles manteca requemada y salsa verde; sobre la salsa, cebolla picada y carne deshebrada.
- Rociar con manteca muy caliente y servirlas inmediatamente.
- Rinde 6 raciones.

Salsa

- En dos cucharadas de manteca freír los tomates asados y molidos con los chiles asados, ajo y sal; hervir hasta que la salsa espese.

Caldos, Sopas y Pozoles

Buen contrapunto hispano e indígena, barroquismo mudéjar: por ahí va el arte poblano, y casi en consecuencia su cocina. Son vaivén y suma maravillosa en el lugar donde las rutas se cruzan.

En tal ir y venir, y como si fuesen azulejos coloridos de las hermosas iglesias de la zona, transcurre también la selección de caldos y sopas de este segundo apartado del recetario familiar.

La sopa debe ser preámbulo adecuado del guiso principal, pero algunas veces constituye un plato fuerte por derecho propio; la primera de las recetas que se presenta es un buen ejemplo de tal posibilidad. Se trata de un delicado caldo de langostinos que resalta su sabor con epazote y chile jalapeño; arribado casi todo, probablemente, de Veracruz, mas transformado en Puebla.

El que el caldo de habas se utilice en las "vigilias" no significa que no pueda gozarse su delicioso sabor, acrecentado con un chorrito de aceite de oliva y el chipotle y hierbabuena mexicanos. Es, de hecho, una de las "penitencias" más recomendables que se conocen.

El consomé de Atlixco que después sigue se antojaría europeo, sino fuese por el sápido chipotle, el sabor del quesillo y la frescura de la verde pasta del aguacate. La sopa de elote, en cambio, no ofrece dudas sobre su origen, y el uso del chile poblano revela la región de la que proviene la versión.

La sopa de garbanzo seco que se ofrece acto seguido trae recuerdos, nutritivos y sustanciosos, de tierras españolas, aunque los garbanzos probablemente se hayan cosechado en los litorales del Pacífico. Prosigue una deliciosa propuesta para una sopa de avena y la fórmula de una de jitomate, simple y delicada; la ausencia de chiles en ambas hace pensar no sólo en sus ascendientes ultramarinos sino en la fertilidad de las tierras aledañas. Las dos sopas son, además, magníficos principios para "cimentar" el estómago antes de otros guisos fuertes.

Contrapunto nativo: la sopa de tortilla, con epazote y chile ancho. Consuetudinario y riquísimo brebaje, con las crujientes tiritas de tortillas fritas y las rajas de chile. Igual que la sabrosísima versión que combina chiles poblanos con elote, añade crema y pide servir con cuadritos de queso fresco. Buena, en verdad.

La llamada sopa suriana es un caldo rico en verduras –zanahorias, ejotes, calabacitas, chícharos, papas–, tipo Juliana, y la de flores de calabaza es uno de los grandes inventos de la cocina nacional, que aquí toma prestada la leche para incorporarla al caldo y encontrar otro punto y sazón aún más finos.

El elopozole es uno de esos platillos o pucheros que hacen una sopa-comida. El uso del pollo y el espinazo de puerco es abundante y se acompaña –como si la ración fuese breve– de una buena cantidad de elotes y calabacitas tiernas, condimentados con epazote y chile guajillo. En fin, es sólo para hacer hambre…

De tu casa a la ajena, llévate la panza llena

Caldo de langostinos

1 k	langostinos frescos
3/4 k	jitomate
1/4 k	cebolla
1	cabeza de ajo
1	manojo de epazote
·	aceite
·	chile jalapeño rebanado

- Rebanar jitomates y cebolla; machacar los ajos.
- Freír todos los ingredientes con epazote.
- Agregar dos litros de agua y dejar que hierva diez minutos.
- Poner los langostinos y cocinar quince minutos más.
- Sazonar con sal antes de servir.
- Rinde 6 raciones.

Caldo de habas

1/2 k	habas secas y limpias
2 1/2	litros de agua
1/2	taza de garbanzos remojados
2	cucharadas de aceite de oliva
2	cucharadas de cebolla picada
2	cucharadas de hierbabuena picada
2	cucharadas de manteca
2	dientes de ajo, picados
1	chipotle crudo
·	sal, al gusto

- Cocer las habas en agua, con los garbanzos, manteca y sal; cuando estén a medio cocer, agregar ajos, cebolla y hierbabuena; por último, añadir el chile frito en manteca y picado.
- Retirar cuando las habas estén cocidas y deshechas; poner después el aceite de oliva.
- Servir luego.
- Rinde 8 raciones.

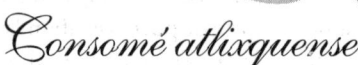

Consomé atlixquense

2	pechugas de pollo
250 g	quesillo, cortado en cuadritos
2	aguacates
2	chiles chipotle
2	dientes de ajo
1	trozo de cebolla
·	sal, al gusto

- Cocer las pechugas en agua, con sal, cebolla y ajos.
- Picar los chipotles y agregar el caldo de pollo.
- Sazonar al gusto y retirar del fuego.
- Servir el consomé colado, con el quesillo y pedacitos de aguacate.
- Rinde 6 raciones.

Sopa de elote

- 1/2 k calabacitas tiernas
- 1 litro de leche
- 10 elotes tiernos
- 3 jitomates
- 2 chiles poblanos
- 1 cebolla
- 1 diente de ajo
- 1 pizca de carbonato
- 1 queso fresco
- · sal, al gusto

- Desgranar los elotes y cocerlos con un trozo de cebolla en un litro y medio de agua.
- Agregar las calabacitas cortadas en tiras; retirar cuando estén cocidas.
- Freír, por separado, los jitomates molidos con el ajo y la cebolla restante y colar; agregar el elote y la calabacita cocidos.
- Agregar la leche caliente y dos tazas del caldo (colado) en el que se cocieron los elotes.
- Agregar la pizca de carbonato y sal.
- Servir con rajas de chile poblano, asado y limpio, y cuadritos de queso fresco.
- Rinde 10 raciones.

Sopa de garbanzo seco

- 3 piezas de pollo
- 1/4 k garbanzo seco, remojado
- 1/2 litro de agua
- 3 jitomates
- 2 dientes de ajo
- 1 trozo de cebolla
- · cuadritos de bolillo, dorados en aceite
- · sal, al gusto

- Cocer las piezas de pollo en agua con sal.
- Aparte, cocer el garbanzo; ya cocido, quitarle la cáscara y molerlo con medio litro de agua.
- Freír los jitomates, molidos previamente con cebolla y ajo.
- Agregar el caldo colado y el garbanzo molido.
- Servir con cuadritos de bolillo fritos y la carne de pollo deshebrada.
- Rinde 6 raciones.

Sopa de avena

- 1 1/2 litros de caldo
- 1 taza de avena cruda
- 2 dientes de ajo
- 1 jitomate grande
- 1 rama de perejil
- 1 trozo de cebolla
- · aceite

- Dorar la avena en aceite, moviendo constantemente para que no se queme.
- Agregar el jitomate molido y colado con ajo y cebolla; cuando la preparación reseque, agregar el caldo.
- Cocer durante veinte minutos a fuego suave; antes de servir, espolvorear el perejil picado.
- Rinde 6 raciones.

Sopa de jitomate

3	tazas de puré fresco de jitomate
1	taza de agua
1	taza de caldo de pollo
2	cucharadas de apio picado
2	cucharadas de cebolla picada
2	cucharadas de harina
1	hoja de laurel
·	sal y pimienta, al gusto

- ❧ Moler, con el puré de jitomate, la cebolla, laurel, apio y el agua; colar.
- ❧ Disolver la harina en un cuarto de taza de caldo de pollo.
- ❧ Mezclar todo; agregar el resto del caldo; sazonar con sal y pimienta.
- ❧ Poner la sopa a fuego lento, retirarla cuando espese y servir luego.
- ❧ Rinde 6 raciones.

Sopa de tortilla

12	tortillas
350 g	jitomate
1 1/2	litros de caldo
1/2	taza de manteca
2	cucharadas de cebolla picada
3	dientes de ajo
1	chile ancho
1	rama de epazote

- ❧ Quemar los ajos en la manteca y retirarlos; en la misma manteca freír las tortillas, cortadas en tiritas.
- ❧ Freír aparte la cebolla picada y el jitomate molido; cuando resequen, añadir el caldo; cuando hierva, agregar las tiritas de tortilla, la rama de epazote y el chile ancho, remojado y cortado en rajitas.
- ❧ Servir luego, antes de que las tortillas se deshagan.
- ❧ Rinde 6 raciones.

Sopa de rajas y elote

1 1/2	litros de caldo
1/4	litro de crema
200 g	queso fresco
3	cucharadas de aceite
4	chiles poblanos, asados y limpios
4	elotes desgranados
3	jitomates
1	cebolla finamente picada

- ❧ Acitronar la cebolla en el aceite, añadirle el jitomate licuado y colado. Agregar los granos de elote, los chiles en rajas y el caldo.
- ❧ Cocer durante treinta minutos; añadir la crema y revolver.
- ❧ Servir con cuadritos de queso.
- ❧ Rinde 8 raciones.

Sopa suriana

- 1/2 k jitomates
- 1/4 k calabacitas
- 1/4 k chícharos limpios
- 1/4 k ejotes
- 1/4 k papa sin cáscara
- 1/4 k zanahorias limpias
- 2 litros de caldo de pollo
- 2 cucharadas de perejil
- 1 cucharadita de mantequilla
- 1 cebolla rebanada
- 1 diente de ajo
- 1/2 cebolla
- · cuadritos dorados de bolillo
- · sal y pimienta, al gusto

♥ Picar y cocer todas las verduras con las rebanadas de cebolla, sal y agua suficiente para cubrirlas.
♥ Freír por separado el jitomate, ajo y cebolla (todo picado); agregar el caldo de pollo y las verduras con el caldo en el que se cocieron; añadir la mantequilla, sazonar con sal y pimienta al gusto.
♥ Servir con perejil picado y cuadritos dorados de pan.
♥ Rinde 10 raciones.

Crema de flor de calabaza

- 1/2 k flor de calabaza
- 1 litro de caldo de pollo
- 2 cucharadas de manteca
- 2 chiles poblanos, asados y en rajas
- 2 papas, limpias y cortadas en cuadritos
- 1 lata de leche evaporada
- 1 cebolla
- · queso manchego

♥ Freír la cebolla en la manteca hasta que se acitrone.
♥ Agregar las papas, las rajas y la flor de calabaza, limpia y picada; dejar freír.
♥ Añadir el caldo y hervir; por último, agregar la leche y el queso.
♥ Retirar del fuego y servir luego.
♥ Rinde 6 raciones.

Elopozole de Tierra Caliente

- 10 elotes tiernos
- 6 piezas de pollo
- 1/2 k calabacitas tiernas
- 1/2 k espinazo de puerco
- 5 chiles guajillo
- 2 ramas de epazote
- · limones
- · sal, al gusto

♥ Desgranar los elotes y cocerlos en dos litros de agua, junto con las carnes y la sal.
♥ Añadir las calabacitas, rebanadas a lo largo; antes de que estén cocidas, agregar los chiles remojados, molidos con el epazote y colados.
♥ Retirar cuando todo esté cocido y sazonado.
♥ Servir con jugo de limón, al gusto.
♥ Rinde 6 raciones.

Mariscos, Pescados y Verduras

Puebla, circundada y rodeada por sierras y montañas, es paso obligado de un mar a otro mar. Los aztecas cruzaban el territorio para traer pescado fresco a Moctezuma, y por él atravesaron virreyes, emperadores, revolucionarios, amigos y enemigos. Es, pues, lugar al que llegan los caminos y camino de malos y buenos, como recuerdan historia y leyenda con los bandidos de Río Frío.

La primera receta del apartado, la de los camarones del conquistador, seguramente debe su nombre al hecho de que se pide envolver los ricos crustáceos con tocino y rellenarlos con queso (ambos de origen europeo), aunque también podrían llamarse así porque sojuzgan a cualquiera. Son buenísimos.

Los españoles trajeron a Puebla su bienamado bacalao y arraigaron en su cocina la costumbre de prepararlo, lo cual se sabe apreciar en todo lo que vale. Y como esto no es poco, cabe decir que las albóndigas de bacalao de la segunda receta resultan apetitosas, mas no baratas, al igual que la excelente y original fórmula de bacalao en blanco con ajo, aceitunas, perejil y chiles en vinagre.

Pescado teresiano llamó doña Teresa, la autora, a unas tortitas bien sazonadas de pescado desmenuzado –puede ser cualquiera– con huevo y especias, que luego se fríen y se sirven rociadas con vinagre, con rodajas de cebolla, perejil picado y pimienta. Los rollos de pescado, en cambio, deben ser filetes de huachinango; se rellenan de queso amarillo y pimientos morrones y se sirven también fritos, mientras que el huachinango al jerez que luego se presenta, se hornea rociado con el dorado licor que suma sol y uvas. El guiso es de rechupete.

Prosigue el apartado con un pescado en adobo y uno adobado, ambos tienen recetas parecidas: en las dos se emplea chile ancho, y si la primera utiliza ampliamente las especias y no determina el tipo de pescado, la segunda condimenta además con laurel, aceitunas y alcaparras, que se aplican al robalo.

Y del fino robalo del Golfo es también la fórmula siguiente. En ella se propone hornearlo, mezclando el sabor nativo del chile mulato con aceitunas, alcaparras y algunas hierbas de olor. Termina la parte dedicada a los pescados con una receta sencilla y sabrosa. Se trata de unas rebanadas de pescado fritas y cubiertas con una salsa de aceitunas y chiles largos. Irresistibles.

Prosigue la sección con algunas recetas que aprovechan la rica hortaliza poblana. El conjunto resulta, pues, variado y apetitoso. Se principia –las damas siempre adelante– con unas indias vestidas. Esto es, flores de calabaza que llevan como huipil y naguas, queso y epazote (se rebozan, además, en huevo batido, se fríen y se bañan en sustancioso caldillo). El epatlaxtli es un frijol tierno que se asoma a continuación adobado en chile guajillo, una preparación de corte regional y muy atractivo.

En el ayamole de calabaza se emplean preferentemente las "tripas" de la cucurbitácea, las cuales se desbaratan al cocerse para formar una especie de papilla con chile guajillo, tomate verde y epazote. Conviene servir tan suculentas tripas con unas gotitas de limón agrio.

Se arriba, así, al mundo del riquísimo chile poblano, con un par de versiones que le hacen honor. Primera: una fresca ensalada de sus verdes rajas, tan

Más vale viandas sencillas que ricas y con rencillas

sólo –ni más ni menos– con aceite, vinagre y sal; segunda: relleno con huevo revuelto, capeado y muy bien condimentado.

Los hongos llamados totolcóxcatl (porque recuerdan los corales del totol o guajolote), se preparan en escabeche con aceite, vinagre, especias y hierbas de olor. Luego se propone la alcaparra en forma desusada, pues no va como condimento sino en un guisado riquísimo, muy original, aunque –hay que decirlo– de precio poco accesible. Y tampoco resultan económicos los palmitos al pastor –de sabor delicadísimo– ya que no es fácil conseguirlos frescos y suelen ser, como las alcaparras, productos importados y enlatados.

Termina el recetario con un par de consejos dignos de tomarse en cuenta. ¿Cómo preparar fritas las accesibles habas verdes? Y, gran final, ¿cómo dejar bien sazonado el frijol de los novios? Éste exige la variedad roja o canaria de la leguminosa, chorizo, laurel y adobo en pasta; es platillo de fiesta y se sirve con aguacate, queso ranchero, lechuga y rabanitos.

Camarones del conquistador

12	camarones grandes (langostinos)
1/4 k	queso asadero
·	tocino
·	palillos
·	aceite

- Abrir los camarones por la mitad y a lo largo; rellenarlos de queso asadero, envolverlos con tocino y atravesarlos con un palillo para que no se suelten.
- Asar luego a la plancha o freír en poco aceite.
- Servirlos con arroz blanco, papas a la francesa y salsa mexicana, hecha con jitomate, cebolla y chiles serranos.
- Rinde 6 raciones.

Albóndigas de bacalao

1/2 k	bacalao, desalado y cocido
1	litro de caldo del bacalao
1/2	taza de miga de pan, remojada en leche
1/2	taza de perejil
2	cucharadas de aceite
3	dientes de ajo
3	huevos
1	hebra de azafrán
·	pan molido
·	sal y pimienta, al gusto

- Deshebrar finamente el bacalao. Mezclarlo con la miga de pan exprimida y los huevos hasta formar una pasta con la que se hacen las albóndigas de tamaño regular.
- Revolcar en pan molido y freírlas hasta que doren.
- Preparar la salsa en la que se ponen las albóndigas para que den un hervor.
- Rinde 6 raciones.

Salsa

- Freír los ajos en aceite y retirarlos.
- Molerlos con perejil, una cucharada de pan molido, azafrán, pimienta y un poco de caldo. Diluir en el resto del caldo; poner a hervir.
- Cuando suelte el hervor, poner las albóndigas; cocer a fuego lento, durante quince minutos. Servir luego.

Bacalao en blanco

1 k	bacalao, desalado y cocido en trozos
3	cucharadas de perejil picado
2	cucharadas de pan molido
10	aceitunas
4	dientes de ajo
·	aceite
·	chiles en vinagre
·	pimienta, al gusto

- Freír en aceite los dientes de ajo, el pan molido y la pimienta.
- Añadir el bacalao y refreír unos minutos.
- Agregar perejil picado, aceitunas y chiles en vinagre.
- Dejar diez minutos, a fuego lento; servir luego.
- Rinde 10 raciones.

Pescado teresiano

1 k	pescado limpio
3	cucharadas de perejil picado
2	cucharadas de harina
2	cucharadas de pan rallado
2	cucharadas de vinagre
1	cucharadita de orégano
1	cucharadita de pimienta
3	huevos
2	dientes de ajo picados
1	jitomate picado
1/2	cebolla en rodajas
1/2	cebolla picada
·	aceite y vinagre
·	pimienta y sal, al gusto

- Cocer el pescado con sal y laurel, en un poco de agua; desmenuzarlo.
- Freír cebolla, jitomate, ajo, orégano y pimienta; a medio freír, agregar el pan rallado y vinagre; revolver bien e incorporar el pescado; freír hasta que el guiso reseque.
- Batir los huevos y agregarles harina, pimienta, sal y el pescado guisado. Formar tortitas y freírlas en aceite.
- Servir con cebolla en rodajas, perejil picado y pimienta; rociar al gusto con vinagre.
- Rinde 8 raciones.

Rollos de pescado

6	filetes de huachinango
1/2 k	papa amarilla
100 g	queso amarillo
50 g	harina
50 g	mantequilla
1/2	taza de aceitunas
6	hojas de lechuga
6	rabanitos
4	pimientos morrones de lata
2	limones (el jugo)
·	pimienta y sal

- Poner los filetes de pescado en limón y sal.
- Picar las aceitunas y el queso.
- Partir los pimientos en rajitas.
- Colocar aceitunas, queso y algunos pimientos en medio de cada filete; enrollarlos y atarlos con un hilo.
- Pasarlos por harina sazonada con pimienta y sal.
- Poner mantequilla en una sartén y freír en ella los rollos de pescado; retirarlos del fuego.
- Agregar las papas peladas en crudo y partidas a la mitad y el resto de los pimientos; sazonar con sal y pimienta.
- Cubrir con agua para cocer las papas: cuando suavicen, incorporar los rollos de pescado. Cocer a fuego lento. Retirar.
- Servir con lechuga y rabanitos.
- Rinde 6 raciones.

Huachinango al jerez

- 1 1/2 k huachinango
- 100 g mantequilla
- 1 taza de jerez
- 1 taza de pan molido
- 4 cucharadas de perejil picado
- 2 cucharadas de cebolla picada
- 5 limones
- 1 lechuga
- · cebollitas de Cambray
- · papas cocidas
- · sal y pimienta

❧ Lavar y hacer cortes sesgados al pescado, por los dos lados.
❧ Sazonarlo bien con sal y pimienta.
❧ Colocar en su interior la mitad del perejil, la cebolla y la mitad de la mantequilla, en trozos.
❧ Rociar con el jerez y untarle encima el resto de la mantequilla.
❧ Meter al horno, a temperatura moderada, durante 20 minutos.
❧ Retirar el pescado del horno y espolvorearlo con el pan molido; bañarlo con su jugo.
❧ Hornear diez minutos más. Servir con el resto del perejil espolvoreado por encima.
❧ Adornar con hojas de lechuga, papas pequeñas cocidas al vapor, cebollitas de Cambray abiertas en flor y rodajas de limón.
❧ Rinde 10 raciones.

Pescado en adobo

- 1 k pescado, en rebanadas
- 1 cucharadita de cominos
- 1 cucharadita de orégano
- 1 cucharadita de pimienta
- 1 cucharadita de tomillo
- 4 chiles anchos
- 2 clavos
- 2 jitomates
- 1 ajo
- 1 rajita de canela
- 1/2 pan remojado y molido
- · manteca y aceite
- · queso añejo

❧ Remojar los chiles anchos, ya limpios y desvenados.
❧ Moler clavos, canela, pimienta, ajo, cominos, orégano y tomillo con los jitomates, chiles y pan.
❧ Freírlos en aceite caliente; cuando estén bien fritos, agregar un poco de agua, pero el adobo debe quedar espeso.
❧ Limpiar el pescado, freírlo en aceite y manteca.
❧ Engrasar un molde con manteca y colocar, en capas, adobo, pescado y queso desmoronado.
❧ Bañar la preparación con manteca requemada.
❧ Hornear hasta que el pescado esté cocido; servir luego.
❧ Rinde 8 raciones.

Pescado frito

- 1 k pescado, en rebanadas
- 1/4 k chile pasilla
- 100 g queso rallado
- 10 aceitunas
- 8 limones (el jugo)
- 3 chiles largos en vinagre
- 1 diente de ajo
- · aceite
- · sal, al gusto

❧ Poner el pescado en jugo de limón y dejarlo reposar veinte minutos.
❧ Freírlo en aceite hasta que dore, pero cuidar que no se desbarate.
❧ Cubrir con la salsa, aceitunas y chiles largos; servir luego.
❧ Rinde 8 raciones.

Salsa
❧ Tostar chiles pasilla; desvenar y remojar.
❧ Moler el ajo con los chiles, y agua suficiente.
❧ Poner sal al gusto y queso.

Pescado adobado

8	rebanadas de robalo, limpias
100 g	aceitunas
100 g	alcaparras
100 g	mantequilla
10	pimientas molidas
6	cucharadas de aceite de oliva
4	cucharadas de vinagre
4	chiles anchos
4	limones (el jugo)
3	dientes de ajo
3	hojas de laurel
2	cebollas grandes
1	aguacate
1	lechuga
·	sal y pimienta

- Poner sal, pimienta y limón a las rebanadas de pescado; macerar durante media hora.
- Desvenar los chiles y ponerlos en agua a que den un hervor, hasta que estén suaves; escurrirlos y moler con los dientes de ajo, pimientas y vinagre; incorporar el aceite de oliva y sazonar con sal.
- Enmantequillar un refractario, colocar las rebanadas de pescado pasadas antes por el adobo; bañar el pescado con el adobo sobrante, las hojas de laurel, las aceitunas y alcaparras.
- Cocer en horno caliente, de quince a veinte minutos.
- Servir con hojas de lechuga, rebanadas de cebolla frita en mantequilla y rebanadas de aguacate.
- Rinde 8 raciones.

Robalo al horno

1 k	robalo rebanado
1/2	taza de aceitunas picadas
1/4	taza de alcaparras picadas
4	cucharadas de aceite de oliva
4	cucharadas de vinagre
3	cucharadas de aceite
3	cucharadas de manteca
1	cucharadita de tomillo en polvo
1	cucharadita de laurel en polvo
3	chiles mulatos, limpios y suavizados
2	cebollas en rodajas
·	sal y pimienta

- Moler los chiles con tomillo y laurel.
- Freír en aceite y manteca las rebanadas de pescado; acomodarlas en un refractario extendido.
- Colocar encima las aceitunas, alcaparras y las rodajas de cebolla.
- Cubrir con el chile preparado, sal y pimienta.
- Agregar el vinagre y el aceite de oliva.
- Cocer en el horno durante treinta minutos.
- Rinde 8 raciones.

Ensalada de chiles poblanos

6	chiles poblanos
1	taza de aceite
1/2	taza de vinagre
·	sal de grano, al gusto

- Asar los chiles
- Pelarlos y dejarlos enfriar.
- Cortarlos en tiritas y sazonarlos con sal, aceite y vinagre.
- Rinde 6 raciones.

Indias vestidas

30	flores de calabaza
200 g	manteca de cerdo
1/2	litro de caldo de pollo
8	jitomates
4	huevos
2	dientes de ajo
2	quesos de cabra
1/4	cabeza de cebolla
1	rama de epazote
·	aceite
·	sal, al gusto

- Limpiar las flores de calabaza.
- Partir el queso en tiras.
- Separar las yemas de las claras.
- Batir las claras para capear.
- Colocar sobre cada flor, queso y epazote.
- Pasarlas por huevo batido y freírlas.
- Rinde 12 raciones.

Caldillo
- Limpiar y asar los jitomates.
- Molerlos con ajos y cebolla. Freírlos en manteca.
- Agregar el caldo y hervir cinco minutos.
- Incorporar las flores capeadas y sazonar con sal. Servir.

Epatlaxtli en adobo

3/4 k	epatlaxtli
150 g	chiles guajillo
2	clavos
2	pimientas
1	diente de ajo
1	hoja de laurel
1	rajita de canela
1/2	cebolla
·	aceite
·	sal, al gusto

- Cocer el epatlaxtli y escurrirlo.
- Desvenar los chiles guajillo y remojarlos en agua caliente.
- Molerlos con los clavos, pimientas, canela, laurel, ajo y cebolla.
- Colar y freír, dejando que el guiso espese un poco; agregar el epatlaxtli.
- Sazonar con sal.
- Rinde 10 raciones.

Ayamole de calabaza

1/4 k	tomates verdes
4	chiles guajillo
1	calabaza de Castilla
1	rama de epazote
·	sal, al gusto

- Cocer las tripas de la calabaza. Añadir tres o cuatro pedazos de calabaza para que el guiso espese.
- Remojar en agua caliente los chiles y los tomates, licuarlos y agregarlos, colados, al cocido de calabaza; añadir también una rama de epazote y sal.
- Cuando la calabaza esté cocida y desbaratada, servir con unas gotitas de limón agrio.
- Rinde 6 raciones.

Chiles rellenos

6	chiles poblanos verdes
6	huevos revueltos
4	dientes de ajo
3	huevos batidos para rebozar
1	jitomate grande
1	cebolla
1	rama de perejil
·	aceite
·	harina
·	pimienta, clavo y sal

- ❦ Tostar, despellejar y rellenar los chiles con huevo revuelto frito.
- ❦ Rebozarlos con huevo batido y harina; freírlos en aceite.
- ❦ Hacer un caldillo con el jitomate asado; moviéndolo, agregar los dientes de ajo y el perejil picado, con un poco de agua.
- ❦ Hervir hasta que se cueza la preparación.
- ❦ Añadir la cebolla partida en rodajas, pimienta, clavos molidos y sal.
- ❦ Incorporar al caldillo los chiles rellenos y fritos.
- ❦ Dejar hervir hasta que el caldillo espese.
- ❦ Rinde 6 raciones.

Hongos totolcóxcatl en escabeche

750 g	hongos totolcóxcatl
1/4	litro de aceite
1/8	litro de vinagre
1	cucharada de orégano
8	pimientas gordas
6	dientes de ajo
4	hojas de laurel
4	ramas de tomillo
3	clavos
2	cebollas rebanadas
1	raja de canela
·	sal, al gusto

- ❦ Lavar los hongos. Ponerlos a cocer en agua con sal, con dos dientes de ajo.
- ❦ Cuando estén casi cocidos, retirarlos del fuego, escurrirlos y freírlos en aceite muy caliente.
- ❦ Agregar los dientes de ajo sobrantes, cebollas, canela, clavos, pimientas, tomillo, orégano y laurel; dejar hervir un poco y añadir el vinagre. Retirar del fuego.
- ❦ Rinde 6 raciones.

Guisado de alcaparras

300 g	alcaparras
1/2	taza de caldo
3	dientes de ajo
2	jitomates chicos
1	cebolla
·	chiles verdes en vinagre
·	manteca
·	sal, al gusto

- ❦ Moler las alcaparras con los chiles verdes y freír en manteca.
- ❦ Licuar los jitomates, ajos, cebolla y freír en manteca.
- ❦ Reunir los ingredientes, agregar el caldo y sazonar al gusto.
- ❦ Rinde 6 raciones.

Palmitos al pastor

25 g	manteca de cerdo
6	chiles cuaresmeños
5	dientes de ajo
3	palmitos
1	cebolla chica
·	sal, al gusto

- Acitronar en manteca muy caliente la cebolla, los dientes de ajo picados finamente y rajas de chile cuaresmeño.
- Agregar los palmitos limpios y sal. Añadir agua, si es necesario.
- Cocinar al vapor, a fuego lento, durante veinte minutos. Servir caliente.
- Rinde 6 raciones.

Habas verdes fritas

1 k	habas verdes
1	litro de caldo de carne de puerco
1	cucharadita de bicarbonato
1	cucharadita de comino
5	dientes de ajo picados
2	jitomates molidos
1	pan frito
·	chiles verdes y sal, al gusto
·	manteca

- Desvainar las habas. Ponerlas a cocer en un poco de agua con bicarbonato.
- Quitarles las cabecitas y freírlas en manteca, con jitomate y ajos.
- Moler el pan frito con una cucharadita de comino.
- Cuando estén fritas las habas, agregar el caldo de carne, el pan molido, chiles verdes y sal.
- Al espesar, retirar del fuego y servir.
- Rinde 6 raciones.

Frijol de novios

1/2 k	frijol rojo o canario
500 g	chorizo
50 g	adobo en pasta
1/2	cucharada de orégano
3	hojas de laurel
2	aguacates
1	cebolla
1	queso ranchero
·	lechuga
·	rabanitos

- Cocer el frijol con media cebolla rebanada, las hojas de laurel y sal. Cuando esté cocido, escurrir y moler sin el caldo.
- Calentar la manteca y acitronar la otra media cebolla, en rebanadas; retirarlas de la manteca y freír el chorizo desmenuzado; retirarlo.
- Freír en esa manteca los frijoles molidos; añadir el adobo para dar color; agregar el orégano y sal al gusto.
- Retirar del fuego cuando estén secos.
- Servir con chorizo frito, un pedazo de queso, rebanadas de aguacate, hojas de lechuga y rabanitos.
- Rinde 8 raciones.

Aves, Moles y Carnes

Notable selección de recetas presenta en este apartado la comida familiar poblana; en ella la imaginación culinaria se vuelve exuberante y compleja, delicada y plena, gustosísima en fin. En tan áureo despliegue, el pollo ocupa un lugar preponderante. Se propone al volátil en riquísimas fórmulas. Se le encuentra, por ejemplo, en una suave salsa de crema; envuelto en aroma oriental en la llamada especia de pollo; cocinado en jugo de naranja; preparado en barbacoa –cubierto, como debe ser, por hojas de plátano–; en estofado…

Por si fuera corta la suculenta serie, se ofrece además la receta para engalanarlo al chiliajo –un mole de chiles ancho y guajillo– o en chileatole –un mole de chile ancho espesado con masa–, o bien con chile ancho y pepita de calabaza en el célebre pascal.

La última de las fórmulas para aves ofrece una versión "sencilla" de una de las glorias de la cocina poblana, el mole. Como la receta original es asunto en extremo complicado por la exactitud requerida en sus ingredientes, y su abundancia, suficiente es esta fórmula familiar para prepararlo en casa y llegar a la oscura y aterciopelada delicia que, por supuesto, como en el caso de su primo oaxaqueño, no olvida ni el chocolate ni el ajonjolí, ni los chiles anchos ni los mulatos, y resulta riquísima aunque no tan sencilla.

Prosigue media docena de recetas cuya base es la carne de cerdo. En la primera se pide acompañarla con una salsa verde de tomate, y en la segunda con un mole verde de acuyo, baños ambos que le dan magnífico sabor. Viene enseguida en calabacitas con pipicha –una hierba aromática regional– y después como relleno del zacahuil huasteco –aquí en una versión más manuable, o sea, más pequeña que la del inmenso tamal original– y luego en huazmole, es decir, en un mole de distinguidos huajes. Finaliza la serie porcina, como prueba clara de lo mucho que se puede hacer con un cochino, con una receta sabrosísima para preparar los frijoles arrieros. Obsérvese: espinazo de marrano, frijol rojo, chile guajillo, epazote y ajo. Si no es de fácil digestión es, en cambio, fórmula incitante y comprometedora.

La barbacoa de hoyo, receta con la que continúa el apartado, pide un borrego y tres chiles: ancho, guajillo y chipotle, a más de una buena dotación de garbanzo y, por supuesto, la noble técnica del cocimiento bajo tierra y entre pencas de maguey.

Otra triunfadora es la fórmula del mole de caderas, platillo que se remonta a tradiciones tan antiguas como las de La Mesta. Colindante con las sierras mazatecas de la vecina Oaxaca, Tehuacán combina aquí magia y religión para producir un guisado de fiesta, de verdadera ocasión, ya que sólo se consume en época definida: la de la matanza anual de los chivos montaraces que se llevan, tras larga caminata, a esa región poblana. La matanza, a palos, es muy cruel y no es fácil resistirla. Pero el platillo es sabrosísimo; debe ir muy caliente, desgrasado, y lo mejor es la carne pegada al espinazo, pero sobre todo a la cadera del chivo.

El fiambre es platillo de postín, aunque de raíces caseras. La receta potosina logra en esta variante poblana una interesantísima versión. Lleva pollo, patitas de puerco y carne de res deshebrada junto a una buena cantidad de verduras y especias.

Una buena dotación de platillos de carne de res ofrece en su parte final este soberbio apartado del

Todo lo que corre o vuela… a la cazuela

recetario. Aunque las albóndigas mexicanas que inician la serie, llenadoras y sabrosas, piden en realidad no sólo carne de res sino que la mezclan con la de cerdo, en todo caso son —como se sabe— platillo benemérito para las amas de casa. El cuete mechado es otro plato de batalla —muy atractivo en la versión que se incluye— y viene luego una carne tezinteca que pide, desde la bella y altiva sierra, cocinarse con chinchayote y elotes tiernos. El chilatequile, por su parte, mezcla atinadamente el retazo de res con cecina y espinazo de puerco en un molito lleno de verduras, y luego un menudo "a la mexicana" reúne apetitosamente la pancita, la pata de res y el chile ancho y el pasilla. Por supuesto, el menudo se debe espolvorear con orégano.

Se llega así al manjar barroco, al plato fuerte nacional: los chiles en nogada. ¡Suenen fanfarrias! Cada platón, bien servido, es hermosísimo. Y sean quienes sean los creadores, el verde del chile poblano, el blanco de la nogada —nuez molida en metate— y el rojo de los granos de la granada, ofrecen los colores de la bandera trigarante. Dijo bien Alfonso Reyes: no comerlos, equivaldría a traicionar a la patria.

Desde un punto de vista culinario, hay mucho más que decir. Su sabor es suculento. Cuentan para ello muchísimos ingredientes y otras tantas influencias. Por ejemplo, una veta hispanoárabe presente es el relleno que combina lo salado con lo dulce; el empleo de pasas, piñones, acitrón y nueces tan propio del Africa nórdica, árabe. Y luego el mestizaje singular —y bien logrado— del chile con la nuez y la carne… En suma —en este fabuloso platillo todo es suma–, no olvidarlo, allá por las fechas de San Agustín —julio, agosto— cuando la nuez de Castilla llega al mercado, es tiempo de chiles en nogada.

Pechugas en crema

1/4	litro de crema
4	chiles poblanos
2	pechugas grandes
1	cebolla
·	sal y pimienta

- Cocer las pechugas con sal y deshebrarlas. Asar los chiles poblanos, limpiarlos y hacer rajas; cortar la cebolla en rodajas.
- Poner la crema, a fuego lento, en una cacerola; añadir las rodajas de cebolla, las rajas de chile y las pechugas deshebradas, sazonar con sal y pimienta.
- Retirar del fuego cuando la preparación empiece a hervir.
- Rinde 6 raciones.

Especia de pollo

1	pollo partido en piezas
150 g	pasitas
10	pimientas
8	almendras
3	jitomates
2	dientes de ajo
2	rebanadas de piña
1	clavo
1	pizca de azafrán
1	plátano macho
1	trozo de cebolla
·	sal, al gusto

- Cocer el pollo en agua con sal. Freír el plátano en rodajas; cortar la piña en triangulitos y también freírlos.
- Moler el jitomate, el ajo y la cebolla. Colar y agregar a lo anterior; añadir las almendras, peladas y partidas a la mitad, y las pasitas.
- Cuando todo esté bien sazonado, agregar caldo de pollo, azafrán, pimientas y clavo molidos.
- Agregar las piezas de pollo; cuando la preparación espese y esté sazonada, retirar y servir.
- Agregar chiles en vinagre, al gusto.
- Rinde 8 raciones.

Pollo en jugo de naranja

1	pollo grande, partido en piezas
2	tazas de jugo de naranja
1/2	taza de agua
3	cucharadas de aceite
1/2	cucharada de consomé de pollo en polvo
1/2	cucharada de orégano
1	chile jalapeño en vinagre, picado

- Calentar el aceite en olla de presión; dorar ahí el pollo.
- Añadir todos los ingredientes, tapar la olla y cocinar durante diez minutos.
- Dejar enfriar la olla antes de destaparla.
- Servir el guiso acompañado de arroz a la mexicana.
- Rinde 8 raciones.

Barbacoa de pollo

1	pollo grande, partido en piezas
1/2	cucharadita de orégano
15	cominos
10	pimientas
6	chiles anchos
6	chiles guajillo
5	clavos
3	dientes de ajo
2	limas agrias
1	aguacate
1	cebolla en rodajas
1	lechuga
1	rajita de canela
·	hojas de aguacate y de plátano
·	rabanitos
·	sal y pimienta

- Tostar y remojar los chiles anchos y los guajillos.
- Moler con las pimientas, clavos, cominos, orégano, canela, ajos, sal y pimienta; freír en manteca.
- Untar las piezas de pollo con este adobo y dejarlas marinar durante doce horas.
- Colocar una hoja de aguacate en cada pieza de pollo enchilado y envolverlo en hoja de plátano. Cocer al horno o en vaporera.
- Servir en un platón, el cual se adorna con rebanadas de lima agria, rabanitos, hojas de lechuga, rodajas de cebolla y aguacate.
- Rinde 8 raciones.

Pascal

1	pollo mediano, partido en piezas
1/2 k	pepitas
2	chiles anchos
1	cebolla
1	rama de epazote
·	agua y sal, la necesaria

- Cocer el pollo en dos litros y medio de agua, con sal y cebolla.
- Desvenar los chiles anchos, suavizarlos en agua caliente y molerlos en metate junto con la pepita tostada y un poco de caldo.
- Presionar con las manos hasta que salga el aceite del pipián (procurar poner a la pasta caldo suficiente para que se pueda extraer el aceite).
- Hacer pequeñas bolitas con la masa de pipián.
- Hervir el caldo con el pollo y agregar las bolitas; dejarlas cocer durante cinco minutos.
- Agregar la rama de epazote y sazonar al gusto con sal; retirar del fuego. Al servirse, añadir en cada plato unas gotas del aceite que se extrajo del pipián.
- Rinde 10 raciones.

LA COCINA DE PUEBLA ✦ III

LA COCINA DE PUEBLA

Chiliajo de pollo

1	pollo partido en piezas
1/2	cucharada de orégano
10	pimientas
7	chiles anchos
6	chiles guajillo
2	dientes de ajo
1	clavo
1	pan blanco rebanado
1	rajita de canela
1	trozo de cebolla
·	manteca
·	sal, al gusto

- Cocer el pollo en agua, con ajo, cebolla y sal.
- Desvenar los chiles y remojarlos en agua caliente.
- Freír las rebanadas de pan; moler chiles, pan, pimientas, clavo, orégano, canela y ajos.
- Freír todo esto en manteca hasta que la preparación quede bien espesa.
- Agregar el pollo con un poco del caldo en el que se coció (debe quedar con la consistencia del mole); dejarlo en el fuego hasta que suelte el hervor.
- Servir caliente.
- Rinde 8 raciones.

Chileatole

1	pollo
1/2	taza de masa
2	cucharadas de manteca
6	elotes desgranados
2	cebollas de rabo
2	chiles anchos remojados
1	pedacito de piloncillo
1	queso fresco
1	rama de epazote

- Cocer el pollo en dos litros y medio de agua, con las cebollitas y los granos de elote.
- Freír los chiles en manteca, molerlos y agregarlos al caldo con el epazote.
- Disolver el piloncillo y la masa en media taza de agua y añadirlos.
- Hervir hasta que el pollo y los elotes estén cocidos y el caldillo espeso. Servir con rajas de queso.
- Rinde 10 raciones.

Estofado de pollo criollo

1	pollo (2 k) cortado en piezas
1 k	jitomate
1 k	papas
100 g	mantequilla
100 g	pasitas
1	taza de aceitunas
2	clavos
2	dientes de ajo
2	pimientas
1	cebolla picada

- Sancochar las piezas de pollo en mantequilla.
- Moler el clavo con la pimienta y el ajo; agregar al pollo.
- Picar el jitomate y, junto con las papas partidas, cebolla y aceitunas, incorporar a la cacerola donde está el pollo, incluyendo las pasitas.
- Tapar y cocer a fuego lento, durante una hora.
- Servir el estofado acompañado de arroz blanco.
- Rinde 8 raciones.

Mole poblano sencillo

1	pollo cocido, cortado en piezas
4	cucharadas de manteca de cerdo
2	cucharadas de ajonjolí tostado
6	chiles anchos
4	pimientas gordas
3	dientes de ajo
2	chiles mulatos
2	clavos
2	hojas de laurel
1	bolillo rebanado, frito
1	cebolla
1	rajita de canela
1	tablilla de chocolate
1	tortilla dorada

- Remojar los chiles en agua caliente. Molerlos con los ajos, laurel, ajonjolí, clavos, pimientas gordas, canela, cebolla, bolillo frito, chocolate y la tortilla dorada, hasta formar una pasta.
- Freír esta pasta en la manteca caliente, sazonarla con sal y el caldo suficiente para que tome buen espesor.
- Incorporar la carne cocida para la que se preparó el mole. Servir.
- Rinde 6 raciones.

Cerdo en salsa verde

1 k	carne de cerdo (en trozos)
1/2 k	habas verdes limpias
1/2 k	papas limpias, partidas a la mitad
1/2 k	tomate verde
1	taza de agua
1	taza de chícharos limpios
2	cucharadas de aceite
4	chiles serranos
2	dientes de ajo
1/2	cebolla
·	sal y pimienta, al gusto

- Moler el tomate verde con los dientes de ajo, los chiles serranos, media cebolla y una taza de agua.
- Dorar la carne en aceite y agregar el tomate molido para que se fría.
- Agregar las habas, papas y chícharos; sal y pimienta al gusto.
- Tapar la olla y cocinar durante cuarenta y cinco minutos.
- Retirar cuando la carne y verduras estén cocidas y la salsa espesa.
- Rinde 8 raciones.

Mole verde de acuyo con puerco

1 k	espinazo de puerco
1/2 k	masa
100 g	manteca
8	hojas de acuyo
3	dientes de ajo
1	cebolla chica
·	chiles serranos
·	sal, al gusto

- Cocer la carne con agua suficiente para que la cubra.
- Moler el acuyo con los chiles serranos, cebolla y ajos.
- Freírlos en manteca caliente y agregar a la carne cuando esté hirviendo.
- Hacer bolitas con la masa y añadirlas a la cazuela. Cocer a fuego lento.
- Retirar cuando la carne esté cocida y el caldillo espeso.
- Rinde 8 raciones.

Calabacitas con pipicha

1 1/2 k	calabacitas, picadas en crudo
1 k	carne de puerco, en trozos
1/2 k	chiles poblanos, asados y cortados en rajitas
250 g	queso oaxaqueño
1	taza de caldo
2	cucharadas de manteca
8	dientes de ajo picados
8	elotes cocidos
2	cebollas picadas
2	manojos chicos de pipicha (hierba aromática)

- Freír la carne con una cucharada de manteca.
- Cuando esté dorada, cubrirla con agua y sazonar con sal.
- Dejarla hervir hasta que se seque el agua y se cueza la carne.
- Retirar la carne y, en la grasa que deje, freír las cebollas y los ajos picados hasta que se acitronen.
- Añadir las calabacitas; cuando se empiecen a cocer, incorporar los elotes cocidos y rebanados, la carne y sal; reducir el fuego.
- Cuando hierva el guiso, agregar los chiles (fritos en una cucharada de manteca), la pipicha y una taza de caldo.
- Servir muy caliente (se sugiere agregarle queso en rajitas).
- Rinde 12 raciones.

Zacahuil

1/2	cabeza de cerdo, en retazos
2 k	masa de maíz semimolida
1/2 k	lomo de puerco, en retazos
3/4 k	manteca de cerdo
250 g	chile ancho
10	cominos
8	dientes de ajo
4	hojas de plátano
2	cebollas
·	pimienta, al gusto

- Batir la manteca hasta esponjarla, agregar la masa semimolida, medio litro de caldo y sal al gusto; batir todo junto.
- Tostar los chiles, desvenar, remojar en agua caliente y molerlos con los ajos, cebollas y las especias; añadir las carnes y revolver bien.
- Asar ligeramente las hojas de plátano y colocarlas en una servilleta húmeda; sobre las hojas extender la masa y colocar la carne.
- Enrollar las hojas de plátano y cocerlas en horno para pan, por espacio de tres horas, a fuego lento.
- Servir el zacahuil acompañado de chiles en vinagre, finamente picados.
- Rinde 8 raciones.

Frijol de arriero

1 k	espinazo
1 k	frijol rojo
1	cabeza de ajo
1	rama de epazote
·	chiles guajillo
·	sal, al gusto

- Cocer el frijol en agua con sal; a medio cocer, agregar el espinazo.
- Desvenar y remojar el chile guajillo, molerlo y agregarlo a los frijoles, añadir la cabeza de ajo y el epazote.
- Retirar del fuego cuando el frijol esté suave y el caldillo espeso.
- Rinde 15 raciones.

Huazmole

1/2 k	espinazo de puerco, cocido
350 g	huajes blanquitos, pequeños y limpios
300 g	jitomate
2	litros de agua
3	cucharadas de aceite
4	chiles serranos
1	trozo de cebolla
1	ramita de cilantro
·	ajo y sal, al gusto

- Cocer el espinazo de puerco en dos litros de agua con ajo, media cebolla y sal.
- Freír los chiles serranos; en el mismo aceite, freír los jitomates partidos; moler ambos ingredientes y colar.
- Freír la salsa, añadir el cilantro y el caldo en el que se coció la carne. Incorporar la carne.
- Moler los huajes con un poco de caldo frío y agregarlos ya para retirar el guiso del fuego (para evitar que el mole adquiera consistencia viscosa). Servir luego.
- Rinde 6 raciones.

Barbacoa de hoyo

1	borrego
1/4 k	garbanzo
6	chiles guajillo
6	chipotles
4	chiles anchos
·	leña suficiente
·	pencas de maguey
·	agua de cal

- Cavar un hoyo de un metro de profundidad. Colocar leña en forma piramidal, cubriendo el fondo.
- Prender con un pedazo de ocote y dejarlo quemar hasta que se convierta en brasa.
- Preparar las pencas de maguey que deben cubrir el hoyo y la carne.
- Sacrificar el borrego; limpiar y descuartizar en piezas. Limpiar el menudo (entrañas del animal) con agua de cal asentada; raspar con un cuchillo; lavar perfectamente.
- Introducir en la panza, con salsa verde o roja, todo el menudo.
- Colocar en un cazo la cabeza y patas con los chiles tostados, garbanzos y cinco litros de agua; ponerlo en el fondo del hoyo para obtener consomé.
- Instalar encima del cazo una reja, cruzando encima de ella unas pencas de maguey. Colocar las piezas del borrego y la panza rellena sobre las pencas de maguey.
- Cubrir la carne, muy bien, con más pencas; poner tierra encima. Retirar después de doce horas.
- Rinde 25 raciones.

Mole de caderas

1	cadera de chivo
1	espinazo de chivo
2 k	jitomate
1 k	tomate verde
10	chiles costeños
10	chiles cuicatecos
10	chiles guajillo
10	chiles serranos
5	dientes de ajo
2	cebollas
1	manojo de cilantro
1	manojo de huajes
·	hojas de aguacate
·	manteca

- Cocer las carnes con ajo y cebolla.
- Poner a hervir los chiles, el tomate y el jitomate.
- Molerlos con ajo y cebolla; freír en manteca, dejar sazonar.
- Incorporar la salsa a las carnes, previamente cocidas, con su caldo.
- Moler el huaje crudo y agregar; cuando el guiso esté hirviendo, añadir hojas de aguacate y cilantro en ramas.
- Hervir un momento y servir luego.
- Rinde 10 raciones.

Fiambre

1	pollo cortado en piezas
4	patitas de puerco
1/2 k	carne de res para deshebrar
1/4 k	ejotes
8	hojas de laurel
6	calabacitas
6	zanahorias
3	cebollas medianas
2	limones agrios
1	cucharadita de vinagre
1	pizca de azafrán
·	azúcar
·	chiles en vinagre
·	lechuga rebanada
·	lima agria
·	pimientas
·	rabanitos
·	sal, al gusto

- Se pone sal a todas las carnes y se cuece el pollo por separado.
- Cocer las patas de puerco y la carne de res con hojas de laurel y cebolla cortada en rodajas; una vez cocida, retirar y escurrir.
- Moler aparte pimienta, un poquito de azafrán, una cebolla, con un poco de caldo de pollo, vinagre y el jugo de dos limones.
- Se deshebra la carne.
- Se la baña con el recaudo, al igual que al pollo y a las patas partidas, para que sazonen; marinar durante seis horas como mínimo.
- Colocar las carnes en un platón y añadir cebolla cruda picada, sal, pimienta, rodajas de cebolla y rajas de chiles en vinagre.
- Cocer calabacitas, ejotes y zanahorias en agua con sal; cuidar que no queden muy cocidos.
- Preparar un aderezo con azúcar, vinagre, sal y jugo de lima agria; aliñar con éste las verduras cocidas y escurridas. Incorporar al platón y acabarlo de adornar con lechuga y rabanitos.
- Rinde 10 raciones.

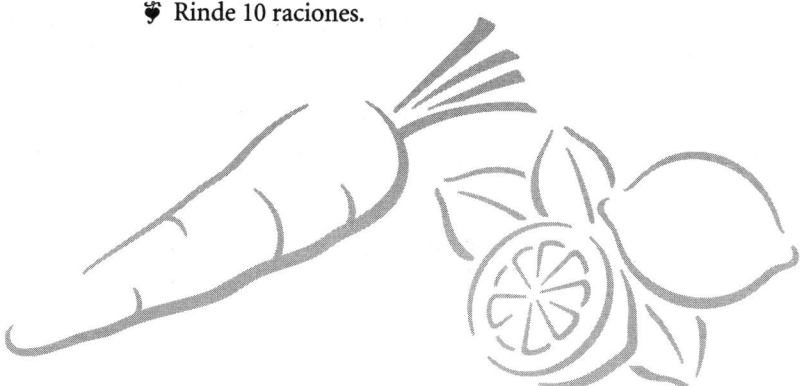

Albóndigas mexicanas

1/2 k	carne molida, de res y cerdo
1/2	taza de jitomate (licuado con dos chiles chipotles)
2	dientes de ajo
1	cebolla
1	huevo cocido
1	huevo crudo
1/2	bolillo remojado en leche
·	sal y pimienta, al gusto

- Agregar a la carne la cebolla y ajos, picados finamente, el bolillo remojado y exprimido, sal, pimienta, un huevo cocido cortado en cuadritos y otro huevo crudo. Revolver bien la mezcla.
- Formar bolitas apropiadas y freírlas en aceite caliente.
- Agregar el jitomate licuado, sal y pimienta y una taza de agua.
- Retirar el guiso del fuego cuando las albóndigas estén cocidas.
- Rinde 6 raciones.

Cuete mechado

1 k	cuete para mechar
1/4	taza de vinagre
4	rebanadas gruesas de tocino
2	dientes de ajo
1	cebolla
1	zanahoria
·	sal y pimienta, al gusto

- Mechar el cuete con trozos de zanahoria y de tocino. Freírlo hasta que dore. Agregar agua para cubrirlo.
- Cocerlo con los ajos, cebolla, vinagre, sal y pimienta durante el tiempo necesario para que quede muy suave.
- Rebanar cuando esté cocido y frío. Servir las rebanadas de carne acompañadas de ensalada verde o de verduras cocidas.
- Rinde 8 raciones.

Carne tezinteca

3/4 k	chambarete
1	tortilla dura
1	jitomate grande
1	chipotle seco, entero
3/4	cucharada de sal
1/4	cebolla
1	diente de ajo
1	rama de epazote
3	elotes tiernos, partidos en trozos
1	chinchayote limpio, rebanado

- Cocer los ingredientes en una olla con agua suficiente.
- Cuando la carne esté casi cocida, retirar y colar.
- Licuar con una taza de agua lo que haya quedado en la coladera; si el guiso no se quiere picoso, retirar el chipotle.
- Vaciar lo licuado en el caldo y sazonar al gusto.
- Agregar los elotes y el chinchayote, a que se cuezan.
- El caldillo debe quedar espeso. Retirar y servir.
- Rinde 6 raciones.

Chiles en nogada

- 1/2 k lomo de puerco, picado finamente
- 1/2 taza de almendras limpias, picadas
- 1/2 taza de pasas
- 1/2 taza de piñones
- 12 chiles poblanos asados, limpios y desvenados
- 6 huevos, con claras y yemas separadas
- 3 dientes de ajo, finamente picados
- 3 jitomates asados, picados
- 2 duraznos limpios, picados
- 2 peras limpias, picadas
- 2 manzanas limpias, picadas
- 1 acitrón, finamente picado
- 1 cucharadita de azúcar
- 1 plátano macho, picado
- 1 trozo de cebolla, finamente picada
- · aceite
- · harina
- · sal y pimienta, al gusto

- · Nogada
- 1/4 litro de crema
- 125 g queso doble crema
- 2 tazas de nuez de Castilla
- 2 granadas

♥ Acitronar el ajo y la cebolla en aceite caliente.
♥ Agregar la carne picada; cuando empiece a dorar, añadir los jitomates.
♥ Cuando reseque, agregar las frutas, pasas, acitrón, piñones, almendras, azúcar, sal y pimienta al gusto.
♥ Cocer a fuego suave, durante veinte minutos aproximadamente.
♥ Rellenar los chiles con lo anterior.
♥ Batir las claras a punto de turrón e incorporar las yemas. Por este batido se pasan los chiles debidamente enharinados y rellenos.
♥ Freírlos hasta dorar.
♥ Bañarlos con la nogada y salpicar profusamente con los granos de la granada.
♥ Rinde 10 raciones.

Nogada
♥ Licuar las nueces, crema y queso.
♥ Sazonar con azúcar, sal y pimienta al gusto.
♥ Verter esta mezcla sobre los chiles.
♥ Servir y decorar el platón de modo que luzcan los colores: verde (chiles), blanco (nogada) y colorado (granada).

Menudo a la mexicana

- 1 k menudo, crudo y limpio
- 1/2 k pata de res, cruda y limpia
- 1 rama de epazote
- 4 dientes de ajo
- 4 chiles anchos asados
- 4 chiles pasilla asados
- · limones y orégano
- · sal, al gusto

♥ Remojar el menudo en agua caliente; quitarle la membrana oscura y lavar muy bien.
♥ Deshuesar la pata de res y cortarla en pedacitos.
♥ Cocer el menudo y la pata con epazote y sal.
♥ Moler los chiles remojados con los ajos; agregar a la olla del menudo cuando esté hirviendo.
♥ Retirar cuando el menudo esté cocido.
♥ Servir con jugo de limón y orégano.
♥ Rinde 8 raciones.

Chilatequile

- 1 k carne de res para cocido, en retazos
- 1 k espinazo de puerco, partido en trozos
- 3/4 k carne seca (cecina bien lavada)
- 1/4 k ejotes enteros
- 10 tomates verdes
- 8 chiles anchos
- 8 chiles guajillo
- 8 calabacitas
- 4 elotes en trozos
- 2 dientes de ajo
- 2 limas rebanadas
- 1 rama de epazote
- 1 cebolla picada
- 1/2 cebolla
- · sal, al gusto

- ❦ Cocer juntas la carne de res, la carne seca y el espinazo con ajo, cebolla y sal, en agua suficiente.
- ❦ Remojar los chiles anchos y guajillo y hervir un poco los tomates.
- ❦ Moler lo anterior e incorporar esta salsa cuando las carnes se estén cociendo.
- ❦ Añadir las calabacitas partidas a la mitad, los ejotes limpios y enteros, los elotes en trozos, rectificar la sal y agregar el epazote; retirar cuando todo se haya cocido.
- ❦ Servir con cebolla picada y una rebanada de lima agria.
- ❦ Rinde 15 raciones.

Panes, Dulces y Otros Manjares

Prosapia tiene la dulcería poblana y la debe, en gran parte, a las afanosas y hábiles monjas de la Nueva España y a su labor en cocinas y reposterías conventuales. Razón de ser, explican algunos, del barroco festín de golosinas que ofrece Puebla. Quizá sea menos, pero tal es la tradición y arraigo que, curiosamente, mencionar Santa Clara en Puebla, más que aludir a la rubia compañera del pobrecillo de Asís o a la orden religiosa que fundó, es referirse a ciertos reputados confites. No hay viajero que cruce la entidad, teniendo tiempo disponible, sin asomarse a una dulcería.

El recetario familiar del estado propone en este apartado una abundante y arrobadora selección de fórmulas. En general, no se trata de productos demasiado elaborados —lo cual los hace todavía más gratos— pero sí muestra de lo que se prepara en los hogares en los días ordinarios y para los días festivos. Cabe decir que si los ingredientes más comunes en estos dulces son de origen europeo y la técnica para su preparación es conventual, la tensión de ánimo que los crea es criolla y mestiza. Los postres son otra forma de antojo, un antojito dulce, una golosina mestiza, y hay que considerar, por supuesto, la aportación básica que el México indígena entrega con sus frutos tropicales de sabores voluptuosos, lo que acrecienta la originalidad y fino gusto de la confitería poblana.

Las dos primeras recetas cumplen la costumbre nacional de festejar a los muertos: un pan de noviembre, tradicional, adornado con tibias (también de pan), y un humilde panqué, con su pulque y su ron, que cualquier paladar vivo aprecia como bocadillo fino. Otras recetas para panqué son las del llamado Magdalena (con su literaria nostalgia proustiana), a base de mantequilla, y el elaborado con papa que resulta, en varios sentidos, de sustancia indudable.

El paso del francés permitió que un bretón afable explicara la fórmula de la torta que aparece a continuación, aunque las hojas de laurel y de naranjo con las que se aroma la hicieron lugareña. Prosigue luego, entre panecillos y galletas, un desfile de finuras. Los polvorones de piñón, las rosquitas de queso en almíbar, que hacen pensar en las risas frescas de novicias en aquellas grandes cocinas de azulejos; el budín de bizcocho, tan rico en huevos, que habla también de gastronómicas y levíticas sabidurías.

Las delicias no cesan; llega la ocasión de las frutas y verduras nacionales: jícama, mamey (en una leche angélica), jitomate y chilacayote, para coronarse con un pastel "volteado" que resulta sumamente apetitoso y coquetón, pues aunque se le debe dar la vuelta, las rebanadas de piña con una roja cereza al centro, como amarilla flor, lo decoran lindamente.

El popular arroz con leche se enriquece y se matiza con el sabor de la manzana y es puente para llegar a los dulces a base de lácteos, azúcar y huevos principalmente. Las "regañadas", por ejemplo, son unas delicadas bolitas azucaradas. El queso napolitano, un flan de elegante textura, liga nada menos que dieciséis claras de huevo. Las natillas son una noble y deliciosa tradición hispana y el "bien me sabes", una exquisita crema de leche que baña trozos de marquesote, puede con justeza, más que bien, demandar el mejor.

Famosos, sobre todo si son caseros, son los chongos en mantequilla, los que Puebla propone no llevan leche cuajada, como los michoacanos, sino pan de huevo remojado en miel. Continúa el místico y engolosinado desfile con unos dulces de almendra, de tronar la lengua, y unas perversas cocadas, borrachas en brandy, y siguen unas panochitas de cacahuate, crujientes y placenteras.

Come camote y no te dé pena; cuida tu casa y deja la ajena

El jamoncillo poblano goza de alta y merecida fama, con sus obleas que le dan santidad, y las torrejas poblanas –¡vaya con las señoras monjas!– exigen medio vaso de ron para alcanzar, en su miel, el punto de la suprema locura. ¿Algo más? Sí, ¿qué tal los únicos, maravillosos alfajores? Llama poderosamente la atención su riqueza de sabor, pues no sólo piden miel de abeja, canela, azúcar, sino que además exigen almendras, piñones y nueces.

Se pone después el punto final y, aunque parezca increíble, el desfile de deleites y manjares se cierra con gusto, ya que se trata de presentar la fórmula de los camotes de Santa Clara. Los tales son, podría asumirse, el postre de resistencia de los poblanos y golosina tan afamada que, igual el caso de los chiles en nogada, debe responsabilizarse a los clásicos de la tentación. Inacabable.

Pan de muerto

300 g	harina de trigo
100 g	mantequilla
75 g	azúcar
25 g	manteca
10 g	levadura
6	huevos
1	cucharada de agua de azahar
1	cucharada de anís
1	huevo para barnizar
1	pizca de sal
·	flor de cempasúchil
·	manteca

- Fermentar la levadura disolviéndola en un poco de pulque o agua tibia, y agregar un poquito de harina hasta formar una pasta suave.
- Dejar reposar en un lugar tibio, tapando el recipiente con un lienzo; cuando haya subido al doble, estará lista para usarse.
- Cernir en una tabla de amasar el resto de harina con la sal; hacer una fuente y poner ahí todos los ingredientes y la levadura fermentada. Amasar hasta que se despegue de la tabla.
- Colocar la masa en una cacerola engrasada con manteca; tapar con un lienzo y dejar reposar en un lugar tibio, hasta que aumente al doble su tamaño.
- Colocar la masa en la tabla y moldear los panes del tamaño deseado; con un pedacito de pasta hacer los adornos usuales (unas tibias).
- Colocar en láminas para horno, que deben estar previamente engrasadas y enharinadas; barnizar con huevo batido (si se puede, con flor de cempasúchil). Dejarlos reposar.
- Meterlos al horno precalentado a 350ºC; ya que suban y hayan empezado a dorarse, bajar la temperatura hasta que estén bien cocidos.
- Rinde 6 raciones.

Panqué de muerto

1/2 k	azúcar
1/2 k	harina
250 g	manteca
250 g	mantequilla
1	taza de pulque
1/4	taza de ron o licor
2	cucharadas de polvo para hornear
1	cucharada de ralladura de naranja
8	huevos
·	jugo de una naranja

- Batir la manteca y la mantequilla junto con el azúcar hasta que haga bombitas; agregar la harina cernida, las yemas y el resto de los ingredientes.
- Agregar, al último, las claras batidas a punto de turrón. Si la mezcla queda un poco aguada, se puede añadir un poco más de harina.
- Preparar los moldes de panqué engrasados y enharinados; vaciar la mezcla hasta la mitad de éstos y meter al horno precalentado a 250ºC.
- Cocer hasta que, al introducir un palillo, éste salga seco.
- Rinde 12 raciones.

Panqué Magdalena

- 250 g azúcar
- 250 g harina
- 250 g mantequilla derretida
- 6 huevos enteros
- 4 claras de huevo

- ❦ Batir la mantequilla y el azúcar; agregar los seis huevos, uno a uno, hasta que esponje; añadir las claras batidas a punto de turrón y la harina; revolver.
- ❦ Verter la mezcla en un molde engrasado y enharinado; hornear a temperatura baja. Retirar del horno cuando el panqué esté dorado.
- ❦ Rinde 6 raciones.

Panqué de papa

- 1/2 k papa cocida, prensada
- 75 g mantequilla
- 3/4 taza de azúcar
- 6 huevos, (claras y yemas separadas)
- · ralladura de un limón

- ❦ Batir las claras a punto de turrón.
- ❦ Agregar las yemas; enseguida la papa, batiendo hasta que haga ojos; añadir el azúcar, la mantequilla derretida y la raspadura del limón.
- ❦ Vaciar la pasta en un molde para panqué, engrasado y enharinado.
- ❦ Cocer en horno, a calor regular, hasta que dore.
- ❦ Rinde 8 raciones.

Torta bretona

- 250 g azúcar
- 250 g harina
- 250 g mantequilla
- 1/2 litro de leche
- 1 cucharada de polvo para hornear
- 1 cucharada de ron
- 6 huevos
- 1 hoja de laurel
- 1 hoja de naranjo
- 1 raja de canela
- · pasas, al gusto

- ❦ Hervir la leche con la canela, laurel y naranjo; retirar de la lumbre y añadir la mantequilla.
- ❦ Batir las claras a punto de turrón; agregarles, poco a poco, sin dejar de batir, las yemas, azúcar, harina y pasas.
- ❦ Añadir, por último, la leche tibia y una cucharada de ron; mezclar bien y vaciar en un molde engrasado y enharinado.
- ❦ Cocer al horno a fuego suave.
- ❦ Rinde 8 raciones.

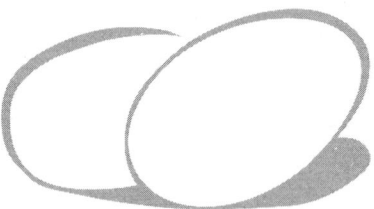

Polvorones de piñón

250 g   harina
200 g   piñón molido
115 g   azúcar
115 g   manteca
1   cucharadita de polvo para hornear
1   huevo
·   color vegetal rojo

- Cernir la harina con el polvo para hornear, poner en el centro el piñón, azúcar, manteca y el huevo.
- Revolver y agregar un poco de color vegetal rojo y el agua fría necesaria para formar una pasta suave, de color rosa.
- Hacer bolitas del tamaño de una nuez y cocerlas en horno caliente, en charolas engrasadas y enharinadas.
- Rinde 8 raciones.

Rosquitas de queso en almíbar

250 g   queso doble crema
1   taza de azúcar
1   taza de harina
1/2   taza de agua
2   huevos
·   aceite
·   canela en polvo

- Revolver el queso desmoronado con la harina y los huevos; amasar hasta tener una pasta manejable.
- Formar unas rosquitas que se fríen en aceite caliente, a que queden doraditas.
- Colocar las rosquillas en un recipiente con almíbar (preparado con agua y azúcar) para que den un hervor y tomen consistencia de conserva.
- Acomodarlas en una dulcera y espolvorearlas con canela.
- Rinde 8 raciones.

Budín de bizcocho

1/4 k   azúcar
1   litro de leche
1   taza de azúcar
1/2   taza de agua
8   huevos
6   yemas
4   limones (la ralladura)
3   bizcochos rebanados
·   frutas cubiertas (acitrón, naranja y limón)
·   mantequilla

- Endulzar la leche (apartando un poco para batir los huevos y yemas); agregarle la ralladura de los limones y cocer a fuego lento, sin dejar de mover.
- Añadir la leche con los huevos y yemas disueltos; cuando espese, retirar de la lumbre.
- En un molde engrasado con mantequilla, colocar una capa del dulce, otra de bizcocho rebanado y frutas cubiertas picadas, trocitos de mantequilla y así sucesivamente hasta terminar con crema de leche y mantequilla.
- Poner el molde en el horno, a baño María. Cuando el budín cuaje, retirar del horno, desmoldarlo y bañarlo con un almíbar que se hace con media taza de agua y una taza de azúcar.
- Decorar el budín con frutas cubiertas.
- Rinde 10 raciones.

Dulce de jícama

2	jícamas grandes
1/2	litro de leche
5	yemas
2	hojas de higo
.	azúcar

- Rallar las jícamas. Poner en un cazo, al fuego, el azúcar y la ralladura de jícama (sin agua). A medio cocer, agregar la leche y las yemas diluidas.
- Hervir por separado las dos hojas de higo, en poca agua, y añadir este cocimiento a las jícamas; hervir hasta que reseque.
- Vaciar en un molde refractario, cubrir con azúcar y canela molida y meter al horno caliente (el dulce debe quedar como cocada).
- Rinde 6 raciones.

Leche de mamey

2	mameyes grandes, molidos
3 1/2	litros de leche
1 k	azúcar
100 g	almendras molidas

- Mezclar la leche, el azúcar y las almendras.
- Poner al fuego a que la mezcla dé un hervor y retirar.
- Agregar los mameyes, revolver bien, y poner al fuego hasta que el dulce espese.
- Servir la leche de mamey fría.
- Rinde 10 raciones.

Dulce de jitomate

1 k	jitomate sin cáscara ni semillas
1 1/2	tazas de azúcar
1	raja de canela
1	taza de pedacitos de piña

- Moler el jitomate sin agua; ponerlo a la lumbre y agregar azúcar y canela.
- A medio cocer, añadir la piña picada y dejar hervir hasta que la preparación tenga consistencia de dulce. Se sirve frío.
- Rinde 8 raciones.

Compota de chilacayote

1 k	chilacayote
1/2 k	azúcar
1	litro de agua
2	rebanadas de piña, en trocitos
1/2	coco chico, en trocitos
1/2	cucharadita de vainilla

- Partir el chilacayote (desprovisto de la corteza y las hebras) en pedazos pequeños.
- Preparar un jarabe ligero con azúcar y agua; incorporarle el chilacayote y los trocitos de coco y de piña.
- Retirar del fuego cuando el chilacayote esté cocido; agregar la vainilla. Dejar enfriar la compota antes de servir.
- Rinde 6 raciones.

Volteado de piña

1 1/2	vasos de jugo de piña
3	tazas de harina
2	tazas de azúcar blanca
2	tazas de fécula de maíz
1	taza de aceite
8	huevos (separar yemas y claras)
6	cucharadas de polvo para hornear
·	rebanadas de piña en almíbar
·	cerezas
·	mantequilla para engrasar

- Incorporar los ingredientes como sigue: la harina, fécula de maíz, aceite, azúcar blanca, polvo para hornear, yemas y, poco a poco, el jugo de piña. Batir hasta que todo esté bien incorporado.
- Batir las ocho claras de huevo a punto de turrón y mezclar en forma envolvente con la preparación anterior.
- Engrasar un molde; poner en el fondo las rebanadas de piña con las cerezas en el centro; agregar la pasta.
- Cocer en horno, durante cuarenta minutos, a 200ºC.
- Cuando enfríe, desmoldar. Queda volteado y listo para servir.
- Rinde 12 raciones.

Arroz con leche y manzana

250 g	azúcar
125 g	azúcar
100 g	arroz
1	litro de leche
1/2	litro de agua
3	huevos (separar claras y yemas)
3	manzanas
1	cáscara de limón
1	raja de canela

- Remojar el arroz en agua caliente durante quince minutos; lavar y poner a cocer en medio litro de agua, con la raja de canela.
- Cuando se consuma el agua, agregar el azúcar y las yemas disueltas en la leche; hervir hasta que la mezcla espese, moviendo para que no se pegue; retirar del fuego y dejar enfriar.
- Agregar las claras a punto de turrón.
- Engrasar con mantequilla un platón refractario; colocar la mitad del arroz, una capa de manzanas en rebanadas (cocidas con media taza de azúcar, una taza de agua y la cascarita de limón); cubrir el platón con el arroz restante y hornear hasta que dore.
- Rinde 6 raciones.

Regañadas

500 g	harina
250 g	azúcar
1	cucharadita de polvo para hornear
250 g	manteca
4	huevos
·	azúcar
·	canela molida

- Cernir la harina con el azúcar y polvo para hornear.
- Batir la manteca hasta que esponje; agregar dos huevos enteros y dos yemas; revolver con la harina y azúcar, sin amasar.
- Formar bolitas del tamaño de una nuez y hornear a calor regular. Antes de que enfríen, revolcar en azúcar con canela.
- Rinde 8 raciones.

Queso napolitano

- 2 litros de leche
- 1/2 k azúcar
- 100 g almendras sin cáscara
- 16 claras de huevo

🌸 Poner en un cazo, a la lumbre, el azúcar con la leche y las almendras molidas; cuando se le vea al fondo al cazo, retirar y agregar las claras, previamente batidas a punto de turrón.

🌸 Vaciar la pasta en un molde encaramelado y cocer en el horno a baño María. Retirar del horno cuando al introducir un palillo, éste salga seco.

🌸 Rinde 10 raciones.

Natillas de leche

- 7 huevos
- 7 cucharadas de azúcar
- 1 litro de leche
- 1 raja de canela
- 2 1/2 cucharadas de fécula de maíz
- 1/4 taza de azúcar para el merengue
- cáscara de limón

🌸 Batir las yemas con el azúcar y agregar la leche, canela y cáscara de limón.

🌸 Poner a la lumbre y, cuando vaya a soltar el hervor, agregar la fécula de maíz disuelta en un poquito de leche; mover constantemente para que no se pegue. Cuando rompa el hervor, sacar y colar.

🌸 Batir las claras con azúcar para preparar el merengue.

🌸 Vaciar el dulce en copas individuales y adornarlas con merengue.

🌸 Rinde 6 raciones.

Chongos de mantequilla

- 1/2 k azúcar
- 1/4 k mantequilla
- 100 g queso Chihuahua
- 1/4 litro de agua
- 2 panes de huevo
- 2 yemas de huevo
- 1 copa de jerez
- 1 raja de canela

🌸 Poner el azúcar en una cacerola, con un cuarto de litro de agua y una raja de canela, para preparar una miel ligera. Apartar la mitad de la miel y añadirle el jerez; revolver las yemas batidas con el resto de la miel.

🌸 Poner la miel con yemas nuevamente al fuego hasta que tome consistencia de atole; añadir la mantequilla, retirar del fuego.

🌸 Rebanar el pan y mojarlo en la miel con jerez.

🌸 En un platón refractario, previamente untado con mantequilla, colocar una capa de pan melado y otra de la crema de miel, yemas y mantequilla, y el queso rallado.

🌸 Meter al horno unos diez minutos; dejar enfriar. Servir.

🌸 Rinde 6 raciones.

Bien me sabes (en marquesote)

2	litros de leche
6	yemas de huevo
2	tazas de azúcar
1	vaso de agua
1	vaso de jerez
6	cucharadas de fécula de maíz
2	rajas de canela
1	marquesote (según receta)
·	pasas, piñones y almendras

♥ Licuar la leche, las yemas y la fécula de maíz.
♥ Hervir lo anterior con una taza de azúcar y una rajita de canela. (Dejar hervir hasta que se haga crema, sin dejar de mover.)
♥ Por separado, hervir el agua con la otra raja de canela y la otra taza de azúcar, para preparar el jarabe; dejar enfriar y agregar el jerez.
♥ Rebanar el marquesote y remojar en el jarabe, exprimiéndolo bien.
♥ Colocar las rebanadas en un platón untado con un poco de crema y cubrir con más crema; adornar con pasas, piñones y almendras.
♥ Rinde 12 raciones.

•	Marquesote
125 g	azúcar
125 g	fécula de maíz
125 g	harina
12	claras
12	yemas

Marquesote

♥ Batir las claras a punto de turrón; agregar las yemas y batir.
♥ Añadir la fécula de maíz cernida con la harina y el azúcar; revolver en forma envolvente.
♥ Cubrir con papel de estraza dos moldes previamente engrasados, vaciar en ellos la pasta y hornear, a fuego fuerte, durante diez minutos; terminar el cocimiento a fuego suave durante treinta minutos aproximadamente, cuando el marquesote esté doradito.
♥ Enfriar y desmoldar, retirar el papel y rebanar el marquesote.

Camotes de Santa Clara

2 k	camote cocido, pelado y colado
1 1/2 k	azúcar
2	tazas de agua

♥ Poner al fuego el azúcar con el agua; en el momento en que tenga punto de bola dura, agregar el camote, que se pone a hervir hasta formarse una pasta. Batir luego hasta que enfríe.
♥ Formar los camotes y colocarlos sobre una tabla forrada con papel encerado; dejarlos reposar un día.
♥ Barnizarlos con miel, dejarlos secar perfectamente y envolverlos en papel de China o encerado.
♥ Rinde 15 raciones.

•	Miel
450 g	azúcar
1/8	litro de agua

Miel

♥ Poner al fuego el azúcar con el agua, retirar en el momento en que tenga punto de hebra fuerte, es decir, que al tomar un poco de la miel entre los dedos, se pueda formar una hebra gruesa y consistente.

Panochitas de cacahuate

1 k azúcar
1 k cacahuates pelados
1/2 litro de agua
4 yemas
1 cucharada de canela en polvo
· azúcar glass

- Tostar el cacahuate en el horno y molerlo.
- Mezclar el azúcar y el agua y poner la mezcla al fuego hasta que alcance punto de bola dura: poner un poco de miel en un vaso con agua y formar una bola de consistencia dura.
- Agregar el cacahuate molido y mover constantemente hasta ver el fondo del cazo; retirar.
- Añadir las yemas, la canela y batir hasta formar una pasta.
- Hacer bolitas y aplastarlas (se sugiere grabarlas con el molde típico de las panochitas); colocarlas sobre una charola espolvoreada con azúcar glass y dejarlas reposar uno o dos días, hasta que se sequen.
- Rinde 15 raciones.

Dulces de almendra

400 g azúcar
250 g almendras
1 taza de agua
1 clara

- Remojar las almendras en agua fría; quitarles la cáscara y secarlas con una servilleta. Molerlas en molcajete junto con la clara de huevo.
- Poner al fuego el azúcar con el agua hasta que tome punto de hebra.
- Agregar las almendras molidas y continuar moviendo hasta que se le vea el fondo al cazo.
- Retirar del fuego y seguir moviendo hasta formar una pasta; moler nuevamente y vaciar en moldes de madera, humedecidos con agua fría.
- Dejar que los dulces se oreen; cuando sequen, retirarlos de los moldes y envolverlos.
- Rinde 15 raciones.

Cocadas envinadas

1 k azúcar
1/2 k coco rallado
10 yemas
6 cucharadas de brandy
5 naranjas (el jugo colado)
1 raja de canela
· obleas, las necesarias

- Poner el azúcar y el jugo de las naranjas al fuego, con la canela; batir y, cuando haya hervido, agregar el coco. Sin dejar de mover, retirar cuando se le vea el fondo al cazo.
- Agregar las yemas ligeramente batidas y el brandy.
- Dejar que enfríe y vaciar sobre una capa de obleas. Cubrir con otra capa de obleas. Cortar en triángulos y servir.
- Rinde 20 raciones.

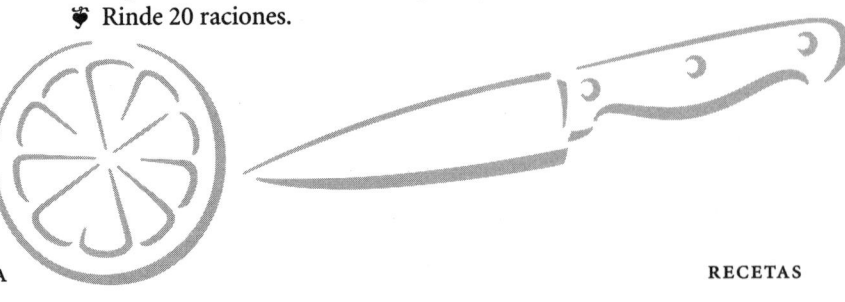

Jamoncillos

- 1 k azúcar
- 1 raja de canela
- 3 litros de leche
- · obleas para forrar el molde

- ❦ Mezclar la leche con el azúcar y la canela; poner la mezcla al fuego y mover constantemente hasta que se le vea el fondo al cazo.
- ❦ Retirar del fuego y vaciar la preparación en un molde de cartón o madera forrado con obleas.
- ❦ Dejar enfriar el jamoncillo, partirlo en cuadros y cortarlos diagonalmente para obtener triángulos.
- ❦ Rinde 12 raciones.

Torrejas poblanas

- 1/4 k azúcar
- 1/2 litro de leche
- 1/2 taza de agua
- 1/2 vaso de ron
- 5 huevos
- 1 cucharada de vainilla
- 1 pan de caja, chico

- ❦ Cortar el pan en rebanadas de dos centímetros de grueso y mojarlas en leche hervida con vainilla.
- ❦ Batir los huevos por separado y capear las rebanadas; freírlas luego en aceite caliente, escurrirlas y colocarlas en un platón.
- ❦ Bañarlas con el almíbar que se prepara con azúcar, agua y ron.
- ❦ Rinde 10 raciones.

Alfajores

- 750 g azúcar
- 250 g polvo de bizcocho, tostado y molido
- 150 g almendras, peladas y tostadas
- 50 g piñones
- 50 g nueces
- 1 taza de agua
- 1 taza de miel de abeja
- 1 cucharada de canela en polvo
- 1/4 cucharada de clavo en polvo
- · obleas, las necesarias

- ❦ Mezclar el azúcar con el agua y poner al fuego; cuando haya hervido tres minutos, agregar la miel y el bizcocho. Cuando se empiece a ver el fondo del cazo, retirar del fuego y dejar en reposo hasta el día siguiente.
- ❦ Agregar la canela, el clavo, las almendras, piñones y nueces picados; revolver bien esta mezcla.
- ❦ Poner la mezcla sobre una capa de obleas; cubrir con otra capa de obleas; finalmente cortar en triángulos.
- ❦ Rinde 12 raciones.

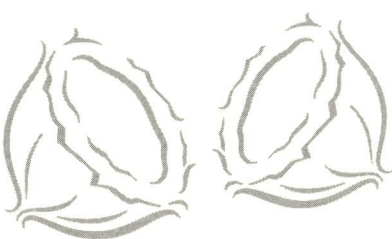

AUTORES DE LAS RECETAS

María del Carmen Mora
Mariza Silvia Salgado Ramírez
María del Pilar Hernández Escalona
Ciria Ávila Guzmán de Rosete
Delfina Benet
Eréndira Bravo de Romero
Clara Campos de Pérez
Yolanda Canales
Irma Castillo Ojeda
Refugio Chávez E.
Ángeles Espinosa
Eloísa Fernández
Ana María Gallardo
María Fernanda García
María Isabel García
Guillermina González
María Isabel Hernández
Susana Jiménez Hernández
Estela Márquez González
Nélida Martínez de Iturriaga
Celia Georgina Martínez de la Torre
Arminda Martínez Molina
Catalina Montiel Vera
Irene Ortiz Romero
Enriqueta Palafox
Lourdes Pérez Zamarripa
Rosalina Romero Tecox
Javier Ramos
Gema Ramos Nolasco
Gilberto Romero Garibay
Emelia Rodríguez Barojas
Silvia E. Rodríguez Espinosa
Olga Rugarcía de Pinza
Graciela Sánchez Dupont
Aurora Sánchez Pineda
Leonor Tapia
Teresa Uribe Cardoso
Reyna Vázquez
Graciela Villanueva

De Cocina y algo más

Festividades

Lugar y fecha	Celebración	Platillos regionales
PUEBLA (Capital del Estado) *Mayo 5*	**La Batalla de Puebla** En 1862 el ejército mexicano se enfrentó a las tropas francesas y las derrotó. En recuerdo de esa victoria se organiza un desfile en el que se escenifica un simulacro de dicha batalla en los fuertes de Loreto y Guadalupe.	∽ Chalupas, mole, tinga de puerco, enchiladas, encurtidos, tostadas, tamales, sopes, tlacoyos, quesadillas, arroz con rajas y elotes, carne de cerdo en salsa verde, barbacoa, ensalada de nopales, moronga, pipián verde, calabacitas con pipicha (hierba aromática), manchamanteles, tesmole de matanza, torta de flor de calabaza, pambacitos de mole, rajas poblanas, clemole. ∽ Compotas, frutas cristalizadas, hojaldras, camotes de Santa Clara, alegrías, jamoncillos, envinados, cocadas, muéganos de vino, jericalla, natilla, manzanas al horno, dulces de leche, palanquetas. ∽ Pinole, aguas frescas, champurrado, pulque, tepache, atoles, chocolate, rompope, nevados, café endulzado con piloncillo, huikimo (macerando los capulines en alcohol), acayul (cereza silvestre macerada en alcohol).
ACATLÁN *Mayo 25*	**San Gabriel Arcángel** Se ejecuta todo tipo de bailes, el más sobresaliente es el de los Doce Pares de Francia. Esta localidad mixteca goza de renombre por sus figurillas de barro negro y su cerámica.	∽ Molotes de tinga, gallina rellena, garnachas, enchiladas, encurtidos, pescado frito en salsa, habas verdes fritas, espinazo de chivo, empanadas criollas, tamal de cazuela, pollo en pipián, tacos de pollo cubiertos con crema batida, revoltijo, sopa de frijoles, barbacoa, pipián verde, chalupas, clemole, manchamanteles, olla totonaca, hongos en escabeche, mole verde, arroz con rajas y elotes. ∽ Tamales dulces, palanquetas, camotes y tortitas de Santa Clara, jamoncillos, alegrías, trompadas, dulce de leche y de almendra, cocadas, ates, frutas cristalizadas, mermeladas. ∽ Aguas frescas, tepache, pulque, chocolate, atoles, champurrado, rompope, café de olla, nevados, pinole, acayul y huikimo.
COXCATLÁN *Diciembre 27*	**San Juan Evangelista** Los habitantes organizan una feria con actos diversos, entre los que destacan las procesiones religiosas. Los fieles desfilan con ofrendas florales y velas que encienden en los altares de la iglesia. La localidad adquirió renombre mundial cuando en cuevas cercanas se encontraron granos de maíz con 7000 años de antigüedad, lo que llevó a pensar que fue el sitio donde se originó el maíz.	∽ Mole de guajolote, espinazo de chivo, frijoles puercos, tacos de pollo cubiertos con crema batida, enchiladas de mole de olor y picadillo, carne de cerdo en salsa verde, arroz con rajas y elote, chapandongos, clemole, rajas poblanas, molotes de tinga, chalupas, moronga, pipián, barbacoa, chiles rellenos de flor de calabaza; tamales de pollo, mole, cerdo y frijoles; encurtidos, habas verdes fritas, revoltijo. ∽ Ates, tamales dulces, camotes, mermeladas, jaleas, compotas, conservas, natillas, jericalla, frutas cristalizadas, alegrías, palanquetas, trompadas, jamoncillos, envinados, cocadas, budines. ∽ Café endulzado con piloncillo, atoles, pulque, pinole, chocolate, tepache, champurrado, acayul, huikimo, nevados, rompope.

COXCATLÁN *Septiembre 29*	**San Miguel Arcángel** Las festividades se inician desde el día 27 en una aldea llamada Tzinacapan. Lo más sobresaliente son las danzas: Santiagos, Negritos y Quetzales.	∾ Chalupas, mole, tesmole de matanza, tamales, chiles en nogada, enchiladas de mole de olor y picadillo, pollo en pipián, torta de flor de calabaza, moronga, garnachas, tamales, carne de cerdo en salsa verde, arroz con rajas y elotes, tortillas poblanas con crema, clemole, olla totonaca, manchamanteles, rajas poblanas, barbacoa, empanadas criollas, frijol yecapaxtle, pechugas en nogada. ∾ Alegrías, palanquetas, budines, cocadas, bigotes de arroz, frutas cristalizadas, mermeladas, hojaldras, duraznos curtidos, ates, campechanas, dulces de leche y de almendra, conserva de ciruelas, trompadas, jamoncillos, pepitorias, envinados, camotes. ∾ Pulque curado, café endulzado con piloncillo, tepache, rompope, nevados, atoles, pinole, acayul, chocolate, aguas frescas, champurrado.
COXCATLÁN *Octubre 4*	**San Francisco** Coincide con la Feria del Café, uno de los acontecimientos más populares de la región, al que acuden visitantes de todas partes. Entre los principales atractivos están las danzas: Quetzales, Santiagos, Negritos y la del Palo Volador.	∾ Orejas de cerdo en salsa verde, chiles en nogada, mole, chalupitas, pambacitos de mole, tacos de pollo cubiertos con crema batida, tamal de cazuela, enchiladas, sopes, garnachas, quesadillas, tlacoyos, pipián, barbacoa, chacomite en verde con flor de calabaza, hongos en escabeche, encurtidos, gallina rellena, tostadas, manchamanteles, tinga de puerco, frijoles paganos, olla totonaca, pechuga en nogada. ∾ Tamales dulces, alegrías, palanquetas, muéganos de vino, empanadas de arroz de leche, camotes y tortitas de Santa Clara, budines, mermeladas, jaleas, compotas, frutas cristalizadas, ates, cocadas, jamoncillos, bigotes de arroz, hojaldras, cacahuates garapiñados. ∾ Café de olla, acayul, pinole, nevados, rompope, chocolate, aguas frescas, tepache, champurrado, huikimo.
CHILAC *(San Gabriel)* *Noviembre 2*	**Día de los Fieles Difuntos** Desde el primero de noviembre las familias erigen un altar privado en las tumbas de sus muertos; ahí depositan pan, dulces, alimentos, flores, velas e imágenes. Las familias oran, en tanto que los músicos van de tumba en tumba interpretando diversas melodías.	∾ Mole de guajolote, tacos de rajas, espinazo de chivo, torta de flor de calabaza, frijoles puercos, chalupitas, molotes de tinga, chiles en nogada, tlatlapas de frijol amarillo, tamales, tostadas, sopes, quesadillas, tlacoyos, garnachas, moronga, barbacoa, pipián verde, encurtidos, empanadas criollas, rajas poblanas, chileatole con pollo, hongos en escabeche, pechuga en nogada. ∾ Frutas cristalizadas, compotas, budines, cacahuates garapiñados, hojaldras, envinados, alegrías, cocadas, palanquetas, camotes, jericalla, natillas, dulce de leche, jamoncillos, muéganos de vino. ∾ Tepache, chocolate, rompope, nevados, acayul, huikimo, pulque, atoles, champurrado, aguas frescas, pinole, café de olla.
CHOLULA *Septiembre 8*	**Virgen de los Remedios** Desde el día 1o. del mes se llevan a cabo diversas danzas en el atrio de la iglesia, que se encuentra en la cima de la pirámide. Es maravilloso presenciar el despliegue de fuegos artificiales durante esta festividad, ya que los nativos son verdaderos maestros en ese oficio.	∾ Tortillas poblanas con crema, mole de cadera, pollo en pipián, barbacoa, enchiladas de mole de olor y picadillo; moronga, ensalada de nopales, sopa de frijol, carne de cerdo en salsa verde, pechugas en nogada, quesadillas, tlacoyos, arroz con rajas y elotes, manchamanteles, tostadas, rajas poblanas, chalupas, pescado frito en salsa, mejorales (queso, frijol, carne de cerdo, chiles serranos, manteca, salsa de tomate verde, cebolla y queso para espolvorear), hongos en escabeche, chiles en nogada.

～ Jamoncillos, hojaldras, chilindrinas, alegrías, palanquetas, envinados, camotes, cocadas, mermeladas, compotas, jaleas, tamales dulces, trompadas, natillas, ates, jericalla, turrón de bizcocho.
～ Aguas frescas, pinole, pulque, champurrado, rompope, tepache, café endulzado con piloncillo, nevados, chocolate, huikimo, acayul.

HUAUCHINANGO
Fecha movible
(Tercer viernes de Cuaresma)

Feria de las Flores y Día del Señor del Entierro Sagrado

Los festejos duran una semana. Los floricultores exhiben bellos y raros especímenes de flores y el zócalo se convierte en un hermoso jardín de inmensas proporciones. Acuden grupos étnicos diversos, vestidos con trajes regionales tejidos a mano. Ejecutan varias danzas en el atrio de la iglesia, siendo la más famosa la del Palo Volador.

～ Clemole, olla totonaca, tacos de pollo cubiertos con crema batida, rajas poblanas, chalupitas, espinazo de chivo, mole poblano, tinga, molotes, sopa de frijol, arroz con elotes y rajas, tostadas, sopes, quesadillas, tlacoyos, enchiladas, pollo en cebolla, tamales de cerdo, mole, pollo y frijol; barbacoa, pipián, torta de flor de calabaza, encurtidos, empanadas criollas, habas verdes fritas, pambacitos de mole.
～ Camotes y tortitas de Santa Clara, empanadas de arroz de leche, tamales dulces, natillas, palanquetas, jamoncillos, alegrías, trompadas, ates, envinados, cocadas, pepitorias, frutas cristalizadas, compotas, conservas.
～ Pinole, tepache, nevados, rompope, pulque, atoles, chocolate, café de olla, aguas frescas, acayul, huikimo.

HUEHUETLA
Septiembre 8

Nacimiento de la Virgen María

Se lleva a cabo una procesión conocida como el Paseo de las Velas, donde los participantes (indios totonacas) llevan inmensas velas decoradas con flores y figuras de cera. Hay danzas como la del Palo Volador, Quetzales, Vaqueros, Negritos, Santiagos, Huehues y Migueleros.

～ Chapandongos, espinazo de chivo, mole verde, chalupas, frijoles puercos, tamal de cazuela, revoltijo, pipián, barbacoa, moronga, garnachas, sopes, quesadillas, tlacoyos, enchiladas, clemole, olla totonaca, manchamanteles, hongos en escabeche, gallina rellena, chileatole con pollo, molotes de tinga, habas verdes fritas, frijol yecapaxtle, encurtidos, ensalada de nopales, pambacitos de mole, chiles rellenos de flor de calabaza, pechuga en nogada, orejas de cerdo en salsa verde, tlatlapas de frijol amarillo, chiles en nogada.
～ Frutas cristalizadas, tamales dulces, camotes, cocadas, natillas, jericalla; dulce de leche, de pepita y de almendra; ates, palanquetas, alegrías, trompadas, muéganos de vino, hojaldras, turrón de bizcocho, cacahuates garapiñados, bigotes de arroz.
～ Tepache, pulque, rompope, aguas frescas, pinole, atoles, café de olla, chocolate, acayul, huikimo, champurrado, nevados.

HUEJOTZINGO
Fecha movible
(Depende de la Cuaresma)

Martes de Carnaval

Es uno de los carnavales más concurridos. Hay festejos diversos pero el más sobresaliente es el de la "Batalla" entre franceses y mexicanos. Los habitantes se dividen en dos grupos, cada uno con su propio uniforme, y se cubren el rostro con máscaras talladas en madera. Se escenifica también, en el transcurso de la lucha, el rapto de una doncella por un bandido famoso que se llamaba Agustín Lorenzo.

～ Chalupas, mole de guajolote, barbacoa, torta de flor de calabaza, mole de cadera, tamales, tacos de pollo cubiertos con crema batida, rajas poblanas, mole verde de pipián, pescado frito en salsa, enchiladas, quesadillas, sopes, garnachas, tostadas, tlacoyos, hongos en escabeche, encurtidos, gallina rellena, manchamanteles, moronga, calabacitas con pipicha, mejorales, tesmole de matanza, carne de cerdo en salsa verde, arroz con rajas y elote.
～ Frutas cristalizadas, cacahuates garapiñados, ates, cocadas, camotes, alegrías, duraznos en conserva, compota de ciruelas, jamoncillos, natillas, jericalla; dulce de pepita, leche y almendra; manzanas al horno, muéganos de vino, bigotes de arroz.
～ Rompope, sidra, tepache, acayul, atoles, aguas frescas, café de olla, chocolate, pulque, nevados, champurrado, pinole.

IZÚCAR DE MATAMOROS
Fecha movible

Jueves de Corpus
Para conmemorar este día se organiza una feria popular; se exhiben artículos de todo tipo: objetos elaborados en metal, telas, ropa, alfarería, cestería, candeleros multicolores, etcétera.

∾ Tinga, mole de guajolote, tamal de cazuela, manchamanteles, gallina rellena, moronga, olla totonaca, clemole, chapandongos, empanadas criollas, enchiladas de mole de olor y picadillo, tlacoyos, quesadillas, sopes, rajas poblanas, chalupas, barbacoa, pipián, mejorales, tostadas, sopa de frijoles, ensalada de nopales, carne de cerdo en salsa verde, encurtidos, frijoles paganos.
∾ Alegrías, palanquetas, camotes y tortitas de Santa Clara, envinados, cocadas, trompadas, almendrados, ates, jamoncillos, jericallas, dulces de leche, pepitorias.
∾ Café endulzado con piloncillo, pinole, aguas frescas, tepache, chocolate, pulque, nevados, champurrado, rompope, huikimo, acayul.

SAN MARTÍN TEXMELUCAN
Noviembre 11

San Martín
Los habitantes festejan este día con una feria popular durante la cual se organizan procesiones, bailes, música, exposiciones, fuegos artificiales.

∾ Molotes de tinga, chalupas, espinazo de chivo, tacos de pollo cubiertos con crema batida, gallina rellena, moronga, sopes, enchiladas, quesadillas, tlacoyos, rajas poblanas, manchamanteles, habas verdes fritas, pechugas en nogada, ensalada de nopales, tamales, tesmole de matanza, mole verde, barbacoa, frijol yecapaxtle, chiles en nogada, empanadas criollas, sopa de frijoles, orejas de cerdo en salsa verde.
∾ Compotas, envinados, almendrados, tamales dulces, natillas, hojaldras, chilindrinas, muéganos de vino, camotes, frutas cristalizadas, campechanas, jamoncillos, natillas, alegrías, palanquetas, trompadas.
∾ Aguas frescas, pulque, tepache, rompope, nevados, atoles, chocolate, acayul, champurrado, pinole, huikimo, café endulzado con piloncillo.

SANTA MARÍA TONANZINTLA
Agosto 15

Asunción de la Virgen María
Se conmemora principalmente con ceremonias religiosas. Destacan las danzas nativas y la tradicional procesión.

∾ Tacos de rajas, pambacitos de mole, pollo en cebolla, quesadillas, sopes, tlacoyos, chalupas, enchiladas, garnachas, hongos en escabeche, encurtidos, tamal de cazuela, espinazo de chivo, rajas poblanas, empanadas criollas, mejorales, moronga, revoltijo, frijoles puercos, tesmole de matanza, manchamanteles, calabacitas con pipicha, gallina rellena, chapandongos, clemole, mole de cadera, orejas de cerdo en salsa verde.
∾ Jamoncillos, natillas, jericalla, camotes, alegrías, palanquetas, muéganos de vino, frutas cristalizadas, envinados, cocadas, dulces de leche, pepitorias, ciruelas pasas, hojaldras, bigotes de arroz, budines.
∾ Huikimo, tepache, atoles, nevados, aguas frescas, acayul, pinole, champurrado, pulque, chocolate, rompope, café de olla.

ZACATLÁN
Mayo 15

San Isidro Labrador
Durante estas fiestas se organiza una alegre procesión encabezada por la imagen de la Virgen María. Diversas figuras públicas participan en el desfile, entre ellas, la reina de la Feria de la Manzana.

∾ Chilpozontle (pollo, espinazo de cerdo, hongos, chipotles encurtidos, epazote y sal), enchiladas, sopes, quesadillas, tlacoyos, chalupitas, encurtidos, barbacoa, sopa de frijoles, espinazo de chivo, garnachas, carne de cerdo en salsa verde, chocomite en chile verde con flor de calabaza, pollo en pipián, tostadas, rajas poblanas, pescado frito en salsa, arroz con rajas y elotes, mejorales, manchamanteles, tinga de puerco, frijol yecapaxtle.
∾ Manzanas al horno, trompadas, frutas cristalizadas, camotes, envinados, compotas, tamales, dulces, alegrías, cocadas, jericalla, natillas, palanquetas, bigotes de arroz, pepitorias, dulces de leche.
∾ Sidra, nevados, tepache, acayul, pulque, rompope, chocolate, atoles, huikimo, champurrado, aguas frescas, café endulzado con piloncillo, pinole.

ZACATLÁN
El domingo anterior al 15 de agosto

Feria de la Manzana
Es una feria concurrida y famosa; se llevan a cabo diversas festividades. Las más sobresalientes quizá sean el concurso de belleza y el baile final.

∾ Mole poblano, garnachas, sopes, frijoles puercos, tacos de rajas, ensalada de nopales, tamales, pollo en cebolla, clemole, hongos en escabeche, encurtidos, espinazo de chivo, gallina rellena, arroz con rajas y elotes, chilpozontle, moronga, sopa de frijol, tortillas poblanas con crema, barbacoa, chalupas, tlacoyos, molotes de tinga, chileatole con pollo, habas verdes fritas, chalupitas, orejas de cerdo en salsa verde.

∾ Tamales dulces, trompadas, camotes, frutas cristalizadas, ates, compotas, conservas, mermeladas, jamoncillos, alegrías, palanquetas, budines, bigotes de arroz, cocadas, envinados, natillas, jericalla, manzanas al horno.

∾ Café endulzado con piloncillo, nevados, champurrado, atoles, acayul, chocolate, tepache, rompope, aguas frescas, huikimo, pinole, pulque, sidra.

NUTRIMENTOS Y CALORÍAS

REQUERIMIENTOS DIARIOS DE NUTRIMENTOS (NIÑOS Y JÓVENES)

Nutrimento	Menor de 1 año	1-3 años	3-6 años	6-9 años	9-12 años	12-15 años	5-18 años
Proteínas	2.5 g/k	35 g	55 g	65 g	75 g	75 g	85 g
Grasas	3-4 g/k	34 g	53 g	68 g	80 g	95 g	100 g
Carbohidratos	12-14 g/k	125 g	175 g	225 g	350 g	350 g	450 g
Agua	125-150 ml/k	125 ml/k	125 ml/k	100 ml/k	2-3 litros	2-3 litros	2-3 litros
Calcio	800 mg	1 g	1 g	1 g	1 g	1 g	1 g
Hierro	10-15 mg	15 mg	10 mg	12 mg	15 mg	15 mg	12 mg
Fósforo	1.5 g	1.0 g	1.0 g	1.0 g	1.0 g	1.0 g	0.75 g
Yodo	0.002 mg/k	0.002 mg/k	0.002 mg/k	0.002 mg/k	0.02 mg/k	0.1 mg	0.1 mg
Vitamina A	1500 UI	2000 UI	2500 UI	3500 UI	4500 UI	5000 UI	6000 UI
Vitamina B-1	0.4 mg	0.6 mg	0-8 mg	1.0 mg	1.5 mg	1.5 mg	1.5 mg
Vitamina B-2	0.6 mg	0.9 mg	1.4 mg	1.5 mg	1.8 mg	1.8 mg	1.8 mg
Vitamina C	30 mg	40 mg	50 mg	60 mg	70 mg	80 mg	75 mg
Vitamina D	480 UI	400 UI	400 UI	400 UI	400 UI	400 UI	400 UI

REQUERIMIENTOS DIARIOS DE NUTRIMENTOS (ADULTOS)

Proteínas	1 g/k
Grasas	100 g
Carbohidratos	500 g
Agua	2 litros
Calcio	1 g
Hierro	12 mg
Fósforo	0.75 mg
Yodo	0.1 mg
Vitamina A	6000 UI
Vitamina B-1	1.5 mg
Vitamina B-2	1.8 mg
Vitamina C	75 mg
Vitamina D	400 UI

REQUERIMIENTOS DIARIOS DE CALORÍAS (NIÑOS Y ADULTOS)

		Calorías diarias
Niños	12-14 años	2800 a 3000
	10-12 años	2300 a 2800
	8-10 años	2000 a 2300
	6-8 años	1700 a 2000
	3-6 años	1400 a 1700
	2-3 años	1100 a 1400
	1-2 años	900 a 1100
Adolescentes	Mujer de 14-18 años	2800 a 3000
	Hombres de 14-18 años	3000 a 3400
Mujeres	Trabajo activo	2800 a 3000
	Trabajo doméstico	2600 a 3000
Hombres	Trabajo pesado	3500 a 4500
	Trabajo moderado	3000 a 3500
	Trabajo liviano	2600 a 3000

EQUIVALENCIAS

EQUIVALENCIAS EN MEDIDAS

1	taza de azúcar granulada	250	g
1	taza de azúcar pulverizada	170	g
1	taza de manteca o mantequilla	180	g
1	taza de harina o maizena	120	g
1	taza de pasas o dátiles	150	g
1	taza de nueces	115	g
1	taza de claras	9	claras
1	taza de yemas	14	yemas
1	taza	240	ml

TEMPERATURA DE HORNO EN GRADOS CENTÍGRADOS

Tipo de calor	Grados	Cocimiento
Muy suave	110°	merengues
Suave	170°	pasteles grandes
Moderado	210°	soufflé, galletas
Fuerte	230°-250°	tartaletas, pastelitos
Muy fuerte	250°-300°	hojaldre

EQUIVALENCIAS EN CUCHARADAS SOPERAS

4	cucharadas de mantequilla sólida	56	g
2	cucharadas de azúcar granulada	25	g
4	cucharadas de harina	30	g
4	cucharadas de café molido	28	g
10	cucharadas de azúcar granulada	125	g
8	cucharadas de azúcar pulverizada	85	g

TEMPERATURA DE HORNO EN GRADOS FAHRENHEIT

Suave	350°
Moderado	400°
Fuerte	475°
Muy fuerte	550°

EQUIVALENCIAS EN MEDIDAS ANTIGUAS

1	cuartillo	2	tazas
1	doble	2	litros
1	onza	28	g
1	libra americana	454	g
1	libra española	460	g
1	pilón	cantidad que se toma con cuatro dedos	

GLOSARIO

Acayul. Licor que se prepara con cerezas silvestres maceradas en alcohol.

Alberjón (arvejón). Guisante, chícharo. Semilla leguminosa comestible.

Alegría. Golosina elaborada con semillas de amaranto y miel de piloncillo.

Anona. Árbol de la familia de las anonáceas y fruto del mismo. Parecido a la chirimoya, su cáscara es de color amarillo y la pulpa, blanco amarillenta, es menos consistente.

Bocoles. Nombre de unas gorditas o tortillas de maíz, pequeñas y gruesas, fritas en manteca y aderezadas, por ejemplo, con frijol, chicharrón o queso.

Cecina. Carne de res (o de otros animales) cortada en tiras para ponerla a secar al sol y salarla. Se suele tomar con limón.

Cempasúchil. Planta herbácea de flores amarillas con las que se acostumbra adornar las tumbas; tiene aplicaciones culinarias e industriales. Hay diversas variedades.

Clemole (tlemole). Caldillo de chile preparado con tomate o jitomate que sirve para guisar carnes y verduras. Caracteriza a diversos platos típicos.

Cuitlacoche (huitlacoche). Hongo parásito que invade las mazorcas del maíz.

Chalupa. Tortilla de maíz, abarquillada, generalmente pequeña, que se fríe en comal y se cubre de carne deshebrada u otros guisos con abundantes hortalizas picadas o rebanadas.

Chilacayote. Variedad de la calabaza común y su fruto comestible. Éste es de corteza verde y lisa y su pulpa es fibrosa.

Chile costeño. Chile seco, rojo, más grande que el chile de árbol. Común en Veracruz, Oaxaca y Guerrero.

Chile cuaresmeño (jalapeño). Es un chile fresco y carnoso, de 4 a 6 cm de largo, color verde oscuro o rojo, si más maduro. Picante y ligeramente perfumado; seco y ahumado se convierte en chipotle y fresco se prepara generalmente en vinagre, entero o en rajas.

Chile guajillo. Se produce en casi todo el país, pero ofrece diferencias según el lugar. Fresco puede ser verde, amarillo o rojo. Suele consumirse seco –mide entre 5 y 11 cm– y presenta entonces un tono sepia rojizo. En general resulta más picoso cuando es más pequeño; el de tamaño grande proporciona fundamentalmente color y sabor.

Chile miahuateco (poblano). Es un chile fresco grueso, de color verde oscuro, que puede tener de 4 a 15 cm de largo; hay variedades muy picosas y otras casi dulces. Cuando seco se convierte en **ancho, mulato** y **chino**.

Chinchayote. Raíz de chayote; en otras partes llamada **cueza** o **chayotextle**.

Epatlaxtli. Frijol tierno.

Epazote (pazote). Planta quenopodiácea, medicinal y comestible. Herbácea de tallo ramoso y hojas alternas, característica por su olor fuerte y sabor acre. Antihelmíntico reconocido, las hojas se emplean para condimentar numerosos platillos.

Guajes (huajes). A más de la vasija fabricada con el pericarpio de diversos frutos (guaje), el sustantivo designa diversas variedades de árboles cuyas vainas son planas y contienen semillas comestibles, con cierto olor a ajo. Nombre de estas semillas. El mole o salsa espesa preparado con ellas se llama **guatzmole (huaxmolli)**.

Huikimo. Bebida que se prepara macerando capulines en alcohol.

Hongo totolcóxcatl. Hongo comestible de la región montañesa de Teziutlán, llamado así por su parecido al moco o coral del guajolote (o **totol**).

Jericalla (jericaya, papín). Dulce que se hace, a baño María, por lo general con leche, huevos, azúcar y vainilla.

Jícama. Tubérculo en forma de cebolla grande, de unos 15 cm de diámetro, carnoso y con cubierta fibrosa; de sabor fresco, dulce y acuoso, se puede tomar crudo, aliñado sólo con sal y limón.

Jocote. Árbol de la América tropical que produce una especie de ciruela; el fruto de dicho árbol. Hay muchas variedades.

Marquesote. Torta o bizcocho ligero de harina de arroz o maíz que se acostumbra cortar en trozos en forma de rombos; requiere huevos y azúcar y se hornea.

Mejorales. Platillo regional preparado a base de carne de cerdo y frijoles, fritos en manteca, con tomate, chiles serranos, cebolla y queso para espolvorear.

Nance (nanche). Árbol de tierra caliente, de gran altura, y nombre de su fruto: del tamaño de una cereza, amarillo en la madurez, de hueso rugoso y macizo.

Pinole. Harina de maíz tostado que puede ir mezclada con cacao, azúcar, canela, achiote, etc., propia para beberse disuelta en agua, fría o caliente, y nombre de dicha bebida.

Pipián (pepián). Aderezo que se elabora con la pasta de semillas aceitosas –mayormente las de calabaza–, molidas y tostadas, y que por lo general se incorpora a un clemole.

Pozole. Guiso que se prepara con granos del maíz llamado cacahuazintle, descabezados, y carne de puerco –en especial, cabeza, trompa y orejas– con chile y caldo. Se sirve y condimenta con cebolla, lechuga, orégano, etc. Hay diversos tipos.

Pulque. Bebida embriagante –ritual entre los aztecas– blanca y espesa, que se obtiene por fermentación del jugo de maguey o aguamiel. Se llama pulque curado al que se mezcla con jugo o pulpa de frutas o verduras.

Punche. Especie de mermelada o pasta ligera que incorpora maíz azul tierno, peculiar del Estado de Puebla.

Rompope. Licor suave y cremoso, de color amarillo, hecho a base de leche, ron, azúcar, canela, vainilla y huevos.

Sidra. Bebida de baja graduación alcohólica obtenida por fermentación del zumo de la manzana.

Sope. Tortilla gruesa de maíz, frita en manteca, en forma de cazuelita y recubierta de diversos guisos, según la región (picadillo, frijoles, etc.).

Tepache. Bebida fermentada que se prepara con la pulpa, jugo o cáscara de frutas y plantas –especialmente la piña y la caña de azúcar– y piloncillo. Se usa como refresco o como bebida embriagante, según el grado de fermentación.

Tinga. Guiso regional que consiste en carne deshebrada o picada, previamente sofrita, y luego cocida con cebolla, tomates, etc., y algún chile –generalmente chipotle– en cuyo caldillo se sirve.

Tlacoyo. Empanada hecha con una tortilla de maíz gruesa (gorda), de forma oblonga o triangular, y con rellenos diversos: en Puebla se convierte en *tlayoyo* (**tlatlaoyo**) y se rellena de alberjón.

Tlatlapas. Tortillas que se cubren o untan con un preparado de frijol o habas, que primero se tuestan y luego se muelen. El preparado se toma, también, en caldo o sopa.

Torreja. Preparación o dulce a base de pan que usualmente se empapa en leche (o vino), rebozado a veces y frito. Se baña con miel o almíbar o se espolvorea con azúcar y canela.

Zacahuil. Tamal de origen huasteco, de masa de maíz y grandes dimensiones, envuelto en hojas de plátano, generalmente horneado bajo tierra y con relleno de cerdo, pollo, paloma, etcétera.

Zarzaparrilla. Planta originaria del país (**cuamecapucle**) y, por antonomasia, la raíz de esa planta. Fundamentalmente tiene usos medicinales.

Esta obra fue impresa en el mes de octubre de 2000
en los talleres de Litográfica Ingramex, S.A. de C.V.,
que se localizan en la calle de Centeno 162,
colonia Granjas Esmeralda, en la ciudad de México, D.F.
La encuadernación de los ejemplares se hizo
en los talleres de Dinámica de Acabado Editorial, S.A. de C.V.,
que se localizan en la calle de Centeno 4-B,
colonia Granjas Esmeralda, en la ciudad de México, D.F.